LAS PERSONAS DEL VERBO

JAIME GIL DE BIEDMA

LAS PERSONAS
DEL VERBO

Seix Barral ⚐ **Biblioteca Breve**

Primera edición en Seix Barral:
enero 1982
Segunda edición: julio 1985
Tercera edición: noviembre 1988
Cuarta edición: abril 1990
Quinta edición: febrero 1991
Sexta edición: mayo 1992
Séptima edición: julio 1993
Octava edición: septiembre 1996
Novena edición: noviembre 1997

© 1975 y 1982: Jaime Gil de Biedma

Derechos exclusivos de edición en castellano
reservados para todo el mundo:
© 1982 y 1997: Editorial Seix Barral, S. A.
Córcega, 270 - 08008 Barcelona

ISBN: 84-322-0409-9

Depósito legal: B. 45.269 - 1997

Impreso en España

Sabe esperar, aguarda que la marea fluya
  —así en la costa un barco— sin que el partir te inquiete.
Todo el que aguarda sabe que la victoria es suya;
porque la vida es larga y el arte es un juguete.
Y si la vida es corta
y no llega la mar a tu galera,
aguarda sin partir y siempre espera,
que el arte es largo y, además, no importa.

Antonio Machado

SEGUN SENTENCIA DEL TIEMPO

Donde tuvo su origen, allí es preciso que retorne en su caída, de acuerdo con las determinaciones del destino. Las cosas deben pagar unas a otras castigo y pena según sentencia del tiempo.

ANAXÍMANDRO

Sorprendiese en la luz el crecimiento
de la luz. o escuchase a las sirenas
cómo cantan guirnaldas de cadenas,
o viese acaso el brusco ayuntamiento

de dos delfines... Mas un rompimiento
hendió los aires, y gritar apenas
pudo: las nubes, como pan morenas,
le arrebataron en descendimiento.

Cuando ya no, cuando la torrentera.
Una torre clamando se derrumba.
Rompe mejor la voz contra las fauces.

Cuando saben los dientes a madera,
cuando el lecho se vuelve hacia la tumba,
cuando el cuerpo nos vuelve hacia sus cauces.

COMPAÑEROS DE VIAJE

PREFACIO

Ser escritor lento sin duda que tiene sus inconvenientes. Y no sólo porque contraría esa legítima impaciencia humana por dar remate a cualquier empresa antes que del todo olvidemos el afán y las ilusiones que en ella pusimos. sino también porque imposibilita, o al menos dificulta. la composición de cierto género de obras. de aquellas concebidas en torno a una primera intuición a la que el escritor tozudamente supedita el mundo de sus solicitudes diarias; semejante sacrificio resulta soportable por una temporada más o menos larga. pero habitualmente más corta que la que a nosotros. los escritores lentos. nos toma el escribir un número de versos suficiente. Puestos a escoger entre nuestras concepciones poéticas y la fidelidad a la propia experiencia. finalmente optamos por esta última. Nuestra actividad viene así a emparejarse con la vida misma —algo como un océano o como un tapiz a cada instante tejido y destejido. siempre vuelto a empezar—. y nuestros libros parece que naturalmente se conformen según esa lógica heraclitana. de que hablaba Juan de Mairena. en la que las conclusiones no resultan del todo congruentes con las premisas. pues en el momento de producirse aquellas ha caducado ya en parte el valor de éstas.

Pero la lentitud también tiene sus ventajas. En la creación poética. como en todos los procesos de transformación natural. el tiempo es un factor que modifica a los demás. Bueno o malo. por el mero hecho de haber sido escrito despacio. un libro lleva dentro de sí tiempo de la vida de su autor. El mismo incesante tejer y destejer. los mismos bruscos abandonos y contradicciones revelan. considerados a largo plazo. algún viso de sentido. y la entera serie de poemas una cierta coherencia dialéctica. Muy pobre hombre ha de ser uno si no

17

deja en su obra —casi sin darse cuenta— algo de la unidad e interior necesidad de su propio vivir. Al fin y al cabo, un libro de poemas no viene a ser otra cosa que la historia del hombre que es su autor, pero elevada a un nivel de significación en que la vida de uno es ya la vida de todos los hombres, o por lo menos —atendidas las inevitables limitaciones objetivas de cada experiencia individual— de unos cuantos entre ellos. Si mi lentitud en el trabajo ha servido para conferir a este libro esa mínima virtud creo que podré estar satisfecho.

(1959)

Ayer

Shades of the prison-house begin to close
          Upon the growing Boy,
But He beholds the light, and whence it flows,
          He sees it in his joy;
The Youth, who daily farther from the east
          Must travel, still is Nature'Priest,
          And by the vision splendid
          Is on his way attended;
At length the Man perceives it die away,
And fade into the light of common day.

WORDSWORTH

AMISTAD A LO LARGO

Pasan lentos los días
y muchas veces estuvimos solos.
Pero luego hay momentos felices
para dejarse ser en amistad.

                              Mirad:

somos nosotros.

Un destino condujo diestramente
las horas, y brotó la compañía.
Llegaban noches. Al amor de ellas
nosotros encendíamos palabras,
las palabras que luego abandonamos
para subir a más:
empezamos a ser los compañeros
que se conocen
por encima de la voz o de la seña.

Ahora sí. Pueden alzarse
las gentiles palabras
—ésas que ya no dicen cosas—,
flotar ligeramente sobre el aire;
porque estamos nosotros enzarzados
en mundo, sarmentosos
de historia acumulada,
y está la compañía que formamos plena,
frondosa de presencias.
Detrás de cada uno
vela su casa, el campo, la distancia.

Pero callad.
Quiero deciros algo.

Sólo quiero deciros que estamos todos juntos.
A veces, al hablar, alguno olvida
su brazo sobre el mío,
y yo aunque esté callado doy las gracias,
porque hay paz en los cuerpos y en nosotros.
Quiero deciros cómo todos trajimos
nuestras vidas aquí, para contarlas.
Largamente, los unos con los otros
en el rincón hablamos, tantos meses!
que nos sabemos bien, y en el recuerdo
el júbilo es igual a la tristeza.
Para nosotros el dolor es tierno.

Ay el tiempo! Ya todo se comprende.

LAS AFUERAS

I

La noche se afianza
sin respiro, lo mismo que un esfuerzo.
Más despacio, sin brisa
benévola que en un instante aviva
el dudoso cansancio, precipita
la solución del sueño.
Desde luces iguales
un alto muro de ventanas vela.
Carne a solas insomne, cuerpos
como la mano cercenada yacen,
se asoman. buscan el amor del aire
—y la brasa que apuran ilumina
ojos donde no duerme
la ansiedad. la infinita esperanza con que aflige
la noche, cuando vuelve.

II

Quién? Quién es el dormido?
Si me callo, respira?
Alguien está presente
que duerme en las afueras.

Las afueras son grandes,
abrigadas, profundas.
Lo sé pero, no hay quién
me sepa decir más?

Están casi a la mano
y anochece el camino
sin decirnos en dónde
querríamos dormir.

Pasa el viento. Le llamo?

Si subiera al salón
familiar del octubre
el templado silencio
se aterraría.

Y quizá me asustara
yo también si él me dice
irreparablemente
quién duerme en las afueras.

III

Ciudad
 ya tan lejana!

Lejana junto al mar: tardes de puerto
y desamparo errante de los muelles.
Se obstinarán crecientes las mareas
por las horas de allá.

Y serán un rumor,
un pálpito que puja endormeciéndose,
cuando asoman las luces de la noche
sobre el mar.

Más, cada vez más honda
conmigo vas, ciudad,
como un amor hundido,
irreparable.

A veces ola y otra vez silencio.

IV

Os acordais. Los años aurorales
como el tiempo tranquilos, pura infancia
vagamente asistida por el mundo.

La noche aún materna protegía.
Veníamos del sueño, y un calor,
un sabor como a noche originaria
se demoraba sobre nuestros labios,
humedeciendo, suavizando el día.

Pero algo a veces nos solicitaba.
El cuerpo, y el regreso del verano,
la tarde misma, demasiado vasta.

¿En qué mañana, os acordais, quisimos
asomarnos al pozo peligroso
en el extremo del jardín? Duraba
el agua quieta, igual que una mirada
en cuyo fondo vimos nuestra imagen.

Y un súbito silencio recayó
sobre el mundo, azorándonos.

V

De noche,
cuando desciendas.

Pero es inútil, nunca
he de volver a donde tú
nacías ya con forma de recuerdo.

Quizá súbitamente crece
la sangre. Crece la sangre
hasta mucho más lejos que aquel brazo.

Nadie más que la mano desarmada,
la tenue palma
y este dolor.

VI

Como la noche no
quiero que tú desciendas,
no quiero cumplimiento
sino revelación.
Desciende hasta mis ojos
veloz, como la lluvia.
Como el furioso rayo,
irrumpe restallando
mientras quedan las cosas
bajo la luz inmóviles.
Que no quiero la dulce
caricia dilatada,
sino ese poderoso
abrazo en que romperme.

VII

Mirad la noche del adolescente.
Atrás quedaron las solicitudes
del día, su familia de temores,

y la distancia pasa en avenida
de memorias o tumbas sin ciudad,
arrabales confusos lentamente

apagados. La noche se afianza
—hasta los cielos cada vez, contigua
la sien late en el centro.

Bajo espesura de rumor la ausencia
se difunde y regresa hacia los ojos
sin sueño abiertos, sensitivos. Algo

que debe de ser brisa, como un rastro
de frescura borrándose, se exhala
desde el balcón por donde entró la noche.

Sus sigilosos dedos de tiniebla
rozan la piel exasperada, buscan
las yemas retraídas de los párpados.

Y la noche se llega hasta los ojos,
inquiere las inmóviles pupilas,
golpea en lo más tierno que aún resiste

en el instante de ceder, irrumpe
cuerpo adentro, la noche, derramada,
y corre despertando cavidades

retenidas, sustancias, cauces secos,
lo mismo que un torrente de mercurio,
y se disipa recorriendo cuerpo.

Es ella misma cuerpo, carne, párpado
adelgazado hasta el dolor, latido
de mucha muerte insomne,

forma sensible de la ausencia —ciego
de noche absorta, gira el pensamiento.
Y la rosa de rejalgar, allí

donde fue la memoria, se levanta,
cabeza de corrientes hacia el sueño
total del otro lado de la noche.

VIII

De pronto, mediodía.
Y se olvida el camino que trajimos
y aquel, acaso anhelo.

Más allá de los puentes,
alta, sobre la tierra prometida,
la ciudad cegadora se agrupaba
lo mismo que un cristal innumerable.

Jardines levantados
sobre la brusca margen de rompientes,
jardines intramuros recogiéndose,
asomaban follajes hacia el mar.

Allí, bajo los nobles eucaliptos
—ya casi piel, de tierna, la corteza—
descansa en paz el extranjero muerto.

IX

¿Fue posible que yo no te supiera
cerca de mí, perdido en las miradas?

Los ojos me dolían de esperar.
Pasaste.

Si apareciendo entonces
me hubieras revelado
el país verdadero en que habitabas!

Pero pasaste
como un Dios destruido.

Sola, después, de lo negro surgía
tu mirada.

X

Nos reciben las calles conocidas
y la tarde empezada, los cansados
castaños cuyas hojas, obedientes,
ruedan bajo los pies del que regresa,
preceden, acompañan nuestros pasos.
Interrumpiendo entre la muchedumbre
de los que a cada instante se suceden,
bajo la prematura opacidad
del cielo, que converge hacia su término,
cada uno se interna olvidadizo,
perdido en sus cuarteles solitarios
del invierno que viene. ¿Recordais
la destreza del vuelo de las aves,
el júbilo y los juegos peligrosos,
la intensidad de cierto instante, quietos
bajo el cielo más alto que el follaje?
Si por lo menos alguien se acordase,
si alguien súbitamente acometido
se acordase... La luz usada deja
polvo de mariposa entre los dedos.

XI

Un cadáver sin dueño
transita por los años
hacia el país tranquilo
de la tierra de nadie.

Claridad de otra paz
sin muerte, lejanía.
Los ojos ya no duelen.
Contemplan, olvidados,

mientras que dulcemente
va fluyendo el cansancio.
Como un arma de guerra,
corazón enterrado.

Este silencio es fuente
y este páramo es árbol,
sombra profunda. Aquel
resplandor no es ocaso.

XII

Casi me alegra
saber que ningún camino
pudo escaparse nunca.

Visibles y lejanas
permanecen intactas las afueras.

Por vivir aquí

Je fis un feu, l'azur m'ayant abandonné.

PAUL ELUARD: *Pour vivre ici.*

ARTE POÉTICA

A Vicente Aleixandre

La nostalgia del sol en los terrados,
en el muro color paloma de cemento
—sin embargo tan vívido— y el frío
repentino que casi sobrecoge.

La dulzura, el calor de los labios a solas
en medio de la calle familiar
igual que un gran salón, donde acudieran
multitudes lejanas como seres queridos.

Y sobre todo el vértigo del tiempo,
el gran boquete abriéndose hacia dentro del alma
mientras arriba sobrenadan promesas
que desmayan, lo mismo que si espumas.

Es sin duda el momento de pensar
que el hecho de estar vivo exige algo,
acaso heroicidades —o basta, simplemente,
alguna humilde cosa común

cuya corteza de materia terrestre
tratar entre los dedos, con un poco de fe?
Palabras, por ejemplo.
Palabras de familia gastadas tibiamente.

IDILIO EN EL CAFÉ

Ahora me pregunto si es que toda la vida
hemos estado aquí. Pongo, ahora mismo,
la mano ante los ojos —qué latido
de la sangre en los párpados— y el vello
inmenso se confunde, silencioso,
a la mirada. Pesan las pestañas.

No sé bien de qué hablo. ¿Quiénes son,
rostros vagos nadando como en un agua pálida,
éstos aquí sentados, con nosotros vivientes?
La tarde nos empuja a ciertos bares
o entre cansados hombres en pijama.

Ven. Salgamos fuera. La noche. Queda espacio
arriba, más arriba, mucho más que las luces
que iluminan a ráfagas tus ojos agrandados.
Queda también silencio entre nosotros,
silencio
              y este beso igual que un largo túnel.

AUNQUE SEA UN INSTANTE

Aunque sea un instante, deseamos
descansar. Soñamos con dejarnos.
No sé, pero en cualquier lugar
con tal de que la vida deponga sus espinas.

Un instante, tal vez. Y nos volvemos
atrás, hacia el pasado engañoso cerrándose
sobre el mismo temor actual, que día a día
entonces también conocimos.

                                            Se olvida
pronto, se olvida el sudor tantas noches,
la nerviosa ansiedad que amarga el mejor logro
llevándonos a él de antemano rendidos
sin más que ese vacío de llegar,
la indiferencia extraña de lo que ya está hecho.

Así que a cada vez que este temor,
el eterno temor que tiene nuestro rostro
nos asalta, gritamos invocando el pasado
—invocando un pasado que jamás existió—

para creer al menos que de verdad vivimos
y que la vida es más que esta pausa inmensa,
vertiginosa,
cuando la propia vocación, aquello
sobre lo cual fundamos un día nuestro ser,
el nombre que le dimos a nuestra dignidad
vemos que no era más
que un desolador deseo de esconderse.

RECUERDA

Hermosa vida que pasó y parece
ya no pasar...
                    Desde este instante, ahondo
sueños en la memoria: se estremece
la eternidad del tiempo allá en el fondo.
Y de repente un remolino crece
que me arrastra sorbido hacia un trasfondo
de sima, donde va, precipitado,
para siempre sumiéndose el pasado.

AL FINAL

Vista por vez primera, todavía
misteriosa de casi recordada.
Será como en París, que me perdía
hasta dar en alguna encrucijada
que de pronto después reconocía:
si la has visto mil veces... Será nada
más que, a la vuelta de otro día, verte
desembocado en medio de la muerte.

MUERE EUSEBIO

A mis hermanas

Nos lo dijeron al volver a casa. Estabas
mirándonos, caído en la sillita del planchero,
con los ojos atónitos del que acaba de ver
la inexplicable proximidad de la muerte

y casi no se queja. Te ofrecimos
algunas vagas frases que hicieran compañía,
cualquier cosa, porque estabas ya solo
definitivamente. Cuánto hubiese querido

ser el mismo de entonces... Volveríamos
todos, corriente arriba, para darte
aunque fuera no más que una palabra
de humanidad, un poco de calor. ¡Si fuese

igual como las tardes y el Pinar
del Jinete, con humo y viento seco!
Cuando sólo entendíamos
la sonrisa adorable de tus dientes sucios

y tus manos deformes como pan
para nosotros, en mitad del mundo:
un mundo inexplicable lo mismo que tu muerte
—nuestra infancia en los años de la guerra civil.

NOCHES DEL MES DE JUNIO

A Luis Cernuda

Alguna vez recuerdo
ciertas noches de junio de aquel año,
casi borrosas, de mi adolescencia
(era en mil novecientos me parece
cuarenta y nueve)
               porque en ese mes
sentía siempre una inquietud, una angustia pequeña
lo mismo que el calor que empezaba,
                       nada más
que la especial sonoridad del aire
y una disposición vagamente afectiva.

Eran las noches incurables
               y la calentura.
Las altas horas de estudiante solo
y el libro intempestivo
junto al balcón abierto de par en par (la calle
recién regada desaparecía
abajo, entre el follaje iluminado)
sin un alma que llevar a la boca.

Cuántas veces me acuerdo
de vosotras, lejanas
noches del mes de junio, cuántas veces
me saltaron las lágrimas, las lágrimas
por ser más que un hombre, cuánto quise
morir
        o soñé con venderme al diablo,

que nunca me escuchó.

Pero también
la vida nos sujeta porque precisamente
no es como la esperábamos.

VALS DEL ANIVERSARIO

Nada hay tan dulce como una habitación
para dos, cuando ya no nos queremos demasiado,
fuera de la ciudad, en un hotel tranquilo,
y parejas dudosas y algún niño con ganglios,

si no es esta ligera sensación
de irrealidad. Algo como el verano
en casa de mis padres, hace tiempo,
como viajes en tren por la noche. Te llamo

para decir que no te digo nada
que tú ya no conozcas, o si acaso
para besarte vagamente
los mismos labios.

Has dejado el balcón.
Ha oscurecido el cuarto
mientras que nos miramos tiernamente, incómodos
de no sentir el peso de tres años.

Todo es igual, parece
que no fue ayer. Y este sabor nostálgico,
que los silencios ponen en la boca,
posiblemente induce a equivocarnos

en nuestros sentimientos. Pero no
sin alguna reserva, porque por debajo
algo tira más fuerte y es (para decirlo
quizá de un modo menos inexacto)

difícil recordar que nos queremos,
si no es con cierta imprecisión, y el sábado,
que es hoy, queda tan cerca
de ayer a última hora y de pasado

mañana
por la mañana...

INFANCIA Y CONFESIONES

A Juan Goytisolo

Cuando yo era más joven
(bueno, en realidad, será mejor decir
muy joven)
        algunos años antes
de conoceros y
recién llegado a la ciudad,
a menudo pensaba en la vida.
                Mi familia
era bastante rica y yo estudiante.

Mi infancia eran recuerdos de una casa
con escuela y despensa y llave en el ropero,
de cuando las familias
acomodadas,
        como su nombre indica,
veraneaban infinitamente
en *Villa Estefanía* o en *La Torre
del Mirador*
          y más allá continuaba el mundo
con senderos de grava y cenadores
rústicos, decorado de hortensias pomposas,
todo ligeramente egoísta y caduco.
Yo nací (perdonadme)
en la edad de la pérgola y el tenis.

La vida, sin embargo, tenía extraños límites
y lo que es más extraño: una cierta tendencia
retráctil.
        Se contaban historias penosas,

inexplicables sucedidos
dónde no se sabía, caras tristes,
sótanos fríos como templos.

                    Algo sordo
perduraba a lo lejos
y era posible, lo decían en casa,
quedarse ciego de un escalofrío.

De mi pequeño reino afortunado
me quedó esta costumbre de calor
y una imposible propensión al mito.

EL ARQUITRABE

Andamios para las ideas

Uno vive entre gentes pomposas. Hay quien habla
del arquitrable y sus problemas
lo mismo que si fuera primo suyo
—muy cercano, además.

Pues bien, parece ser que el arquitrabe
está en peligro grave. Nadie sabe
muy bien por qué es así, pero lo dicen.
Hay quien viene diciéndolo desde hace veinte años.

Hay quien habla, también, del enemigo:
inaprensibles seres
están en todas partes, se insinúan
igual que el polvo en las habitaciones.

Y hay quien levanta andamios
para que no se caiga: gente atenta.
(Curioso, que en inglés *scaffold* signifique
a la vez andamio y cadalso.)

Uno sale a la calle
y besa a una muchacha o compra un libro,
se pasea, feliz. Y le fulminan:
Pero cómo se atreve?
                    ¡El arquitrabe...!

SÁBADO

El cielo que hace hoy, hermoso como el río
y rumoroso como él, despacio va
sobre las aguas que ennoblece el tiempo
y lentas como el cielo que reflejan.

Es ésta la ciudad. Somos tú y yo.
Calle por calle vamos hasta el cielo.
Toca —para creer— la piedra
mansa, la paciencia del pretil.

DOMINGO

No más que este pequeño esfuerzo por vivir,
por respirar igual como respiran
esas otras parejas más allá, dejadas
bajo los suaves pinos en pendiente,

y que parecen empañar el aire
tan quietas como el humo de la ciudad, al fondo,
entre tanto que pasan exhalándose
carretera hacia abajo los raudos autobuses.

LUNES

Pero después de todo, no sabemos
si las cosas no son mejor así,
escasas a propósito... Quizá,
quizá tienen razón los días laborables.

Tú y yo en este lugar, en esta zona
de luz apenas, entre la oficina
y la noche que viene, no sabemos.
O quizá, simplemente, estamos fatigados.

AMPLIACIÓN DE ESTUDIOS

En la vieja ciudad
llena de niños góticos, en donde diminutas
confiterías peregrinas
ejercen el oficio de placer furtivo
y se bebe cerveza en lugares sagrados
por el uso del tiempo, aunque quizá es más dulce
pasearse a lo largo del río,

allí precisamente viví los meses últimos
en mi vida de joven sin trabajo
y con algún dinero.
                    Puede que un día cuente
quel lait pur, que de soins y cuántos sacrificios
me han hecho hijo dos veces de unos padres propicios.
Pero ésa es otra historia,
                    voy a hablaros
del producto acabado,
o sea: yo,
tal y como he sido en aquel tiempo.

¿Os ha ocurrido a veces
—de noche sobre todo—, cuando considerais
vuestro estado y pensais en momentos vividos,
sobresaltaros de lo poco que importan?
Las equivocaciones, y lo mismo los aciertos,
y las vacilaciones en las horas de insomnio
no carecen de un cierto interés retrospectivo
tal vez sentimental,
                    pero la acción,
el verdadero argumento de la historia,
uno cae en la cuenta de que fue muy distinto.

Así de aquellos meses,
que viví en una crisis de expectación heroica,
me queda sobre todo la conciencia
de una pequeña falsificación.
Y si recuerdo ahora,
en las mañanas de cristales lívidos,
justamente después de que la niebla
rezagada empezaba a ceder,
      cuando las nubes
iban quedándose hacia el valle,
junto a la vía férrea,
y el gorgoteo de la alcantarilla
despertaba los pájaros en el jardín,
y yo me asomaba para ver a lo lejos
la ciudad, sintiendo todavía
la irritación y el frío de la noche
gastada en no dormir,
     si ahora recuerdo,

esa efusión imprevista, esa imperiosa
revelación de otro sentido posible, más profundo
que la injusticia o el dolor, esa tranquilidad
de absolución, que yo sentía entonces,
¿no eran sencillamente la gratificación furtiva
del burguesito en rebeldía
que ya sueña con verse
tel qu'en Lui-même enfin l'éternité le change?

LAS GRANDES ESPERANZAS

LE MORT SAISIT LE VIF

Las grandes esperanzas están todas
puestas sobre vosotros,
                                 así dicen
los señores solemnes, y también:
                                        Tomad.
Aquí la escuela y la despensa, sois mayores,
libres de disponer
                          sin imprudentes
romanticismos, por supuesto.
La verdad, que debierais estar agradecidos.
Pero ya veis, nos bastan las grandes esperanzas
y todas están puestas en vosotros.

Cada mañana vengo,
cada mañana vengo para ver
lo que ayer no existía
cómo en el Nombre del Padre se ha dispuesto,
y cómo cada fecha libre fue entregada,
dada en aval, suscrita por
los padres nuestros
                          de cada día.

Cada mañana vengo para ver
que todo está servido (me saludan,
al entrar, levantando un momento los ojos)
y cada mañana me pregunto,

cada mañana me pregunto cuántos somos
nosotros, y de quién venimos,
y qué precio pagamos por esa confianza.

O quizá
no venimos tampoco para eso.
La cuestión se reduce a estar vivo un instante,
aunque sea un instante no más,

                                    a estar vivo
justo en ese minuto
cuando nos escapamos
al mejor de los mundos imposibles.
En donde nada importa,
nada absolutamente —ni siquiera
las grandes esperanzas que están puestas
todas sobre nosotros, todas,

                       y así pesan.

DE AHORA EN ADELANTE

Como después de un sueño,
no acertaría
a decir en qué instante sucedió.
                              Llamaban.
Algo, ya comenzado, no admitía espera.

Me sentí extraño al principio,
lo reconozco —tantos años
que pasaron igual que si en la luna...
Decir exactamente qué buscaba,
mi esperanza cuál fue, no me es posible
decirlo ahora,
                    porque en un instante
determinado todo vaciló: llamaban.
Y me sentí cercano.
Un poco de aire libre,
algo tan natural como un rumor
crece si se le escucha de repente.

Pero ya desde ahora siempre será lo mismo.
Porque de pronto el tiempo se ha colmado
y no da para más. Cada mañana
trae, como dice Auden, verbos irregulares
que es preciso aprender, o decisiones
penosas y que aguardan examen.
                              Todavía
hay quien cuenta conmigo. Amigos míos,
o mejor: compañeros, necesitan,
quieren lo mismo que yo quiero
y me quieren a mí también, igual
que yo me quiero.

Así que apenas puedo recordar
qué fue de varios años de mi vida,
o adónde iba cuando desperté
y no me encontré solo.

La historia para todos

What's your proposal? To build the Just City?

W. H. AUDEN: *Spain, 1937*

LOS APARECIDOS

Fue esta mañana misma,
en mitad de la calle.

Yo esperaba
con los demás, al borde de la señal de cruce,
y de pronto he sentido como un roce ligero,
como casi una súplica en la manga.
Luego,
mientras precipitadamente atravesaba,
la visión de unos ojos terribles, exhalados
yo no sé desde qué vacío doloroso.

Ocurre que esto sucede
demasiado a menudo.
Y sin embargo,
al menos en algunos de nosotros,
queda una estela de malestar furtivo,
un cierto sentimiento de culpabilidad.
Recuerdo
también, en una hermosa tarde
que regresaba a casa... Una mujer
se desplomó a mi lado replegándose
sobre sí misma, silenciosamente
y con una increíble lentitud —la tuve
por las axilas, un momento el rostro,
viejo, casi pegado al mío.
Luego, sin comprender aún,
incorporó unos ojos donde nada
se leía, sino la pura privación
que me daba las gracias.
Me volví
penosamente a verla calle abajo.

No sé cómo explicarlo, es
lo mismo que si todo,
lo mismo que si el mundo alrededor
estuviese parado
pero continuase en movimiento
cínicamente, como
si nada, como si nada fuese verdad.
Cada aparición
que pasa, cada cuerpo en pena
no anuncia muerte, dice que la muerte estaba
ya entre nosotros sin saberlo.

                    Vienen
de allá, del otro lado del fondo sulfuroso,
de las sordas
minas del hambre y de la multitud.
Y ni siquiera saben quiénes son:
desenterrados vivos.

EL MIEDO SOBREVIENE

El miedo sobreviene en oleada
inmóvil. De repente, aquí,
se insinúa:
las construcciones conocidas, las posibles

consecuencias previstas (que no excluyen
lo peor),
todo el lento dominio de la inteligencia
y sus alternativas decisiones, todo

se ofusca en un instante.
Y sólo queda la raíz,
algo como una antena dolorosa
caída no se sabe, palpitante.

LÁGRIMA

No veían la lágrima.

Inmóvil
en el centro de la visión, brillando,
demasiado pesada para rodar por mejilla de hombre,
inmensa,
decían que una nube, pretendían, querían
no verla
sobre la tierra oscurecida,
brillar sobre la tierra oscurecida.

Ved en cambio a los hombres que sonríen,
los hombres que aconsejan la sonrisa.
Vedlos
presurosos, que acuden.
Frente a la sorda realidad
peroran. recomiendan. imponen confianza.
Solícitos, ofrecen sus servicios. Y sonríen,
sonríen.
        Son los viles
propagandistas diplomados
de la sonrisa sin dolor, los curanderos
sin honra.

La lágrima refleja
sólo un brillo furtivo
que apenas espejea.
La descubre la sed,
apenas, de los ojos
sobre los doloridos
utensilios humanos

—igual como descubre
el río que, invisible,
espejea en las hojas
movidas—, pero a veces
en cambio, levantada,
manifiesta, terrible,
es un mar encendido
que hace daño a los ojos,
y su brillo feroz
y dura transparencia
se ensaña en la sonrisa
barata de esos hombres
ciegos, que aún sonrien
como ventanas rotas.

He ahora el dolor
de los otros, de muchos,
dolor de muchos otros, dolor de tantos hombres,
océanos de hombres que los siglos arrastran
por los siglos, sumiéndose en la historia.
Dolor de tantos seres injuriados,
rechazados, retrocedidos al último escalón,
pobres bestias
que avanzan derrengándose por un camino hostil,
sin saber dónde van o quién les manda,
sintiendo a cada paso detrás suyo ese ahogado resuello
y en la nuca ese vaho caliente que es el vértigo
del instinto, el miedo a la estampida,
animal adelante, hacia adelante, levantándose
para caer aún, para rendirse
al fin, de bruces, y entregar
el alma porque ya
no pueden más con ella.

Así es el mundo
y así los hombres. Ved
nuestra historia, ese mar,
ese inmenso depósito de sufrimiento anónimo,
ved cómo se recoge
todo en él: injusticias
calladamente devoradas, humillaciones, puños
a escondidas crispados
y llantos, conmovedores llantos inaudibles
de los que nada esperan ya de nadie...
Todo, todo aquí se recoge, se atesora, se suma
bajo el silencio oscuramente,
germina
para brotar adelgazado en lágrima,
lágrima transparente igual que un símbolo,
pero reconcentrada, dura, diminuta
como gota explosiva, como estrella
libre, terrible por los aires, fulgurante, fija,
único pensamiento de los que la contemplan
desde la tierra oscurecida,
desde esta tierra todavía oscurecida.

POR LO VISTO

Por lo visto es posible declararse hombre.
Por lo visto es posible decir no.
De una vez y en la calle, de una vez, por todos
y por todas las veces en que no pudimos.

Importa por lo visto el hecho de estar vivo.
Importa por lo visto que hasta la injusta fuerza
necesite, suponga nuestras vidas, esos actos mínimos
a diario cumplidos en la calle por todos.

Y será preciso no olvidar la lección:
saber, a cada instante, que en el gesto que hacemos
hay un arma escondida, saber que estamos vivos
aún. Y que la vida
todavía es posible, por lo visto.

PIAZZA DEL POPOLO

(Habla María Zambrano)

Fue una noche como ésta.
Estaba el balcón abierto
igual que hoy está, de par
en par. Me llegaba el denso
olor del río cercano
en la oscuridad. Silencio.
Silencio de multitud,
impresionante silencio
alrededor de una voz
que hablaba: presentimiento
religioso era el futuro.
Aquí en la Plaza del Pueblo
se oía latir —y yo,
junto a ese balcón abierto,
era también un latido
escuchando. Del silencio,
por encima de la plaza,
creció de repente un trueno
de voces juntas. Cantaban.
Y yo cantaba con ellos.
Oh sí, cantábamos todos
otra vez, qué movimiento,
qué revolución de soles
en el alma! Sonrieron
rostros de muertos amigos
saludándome a lo lejos
borrosos —pero qué jóvenes,
qué jóvenes sois los muertos!—
y una entera muchedumbre

me prorrumpió desde dentro
toda en pie. Bajo la luz
de un cielo puro y colérico
era la misma canción
en las plazas de otro pueblo,
era la misma esperanza,
el mismo latido inmenso
de un solo ensordecedor
corazón a voz en cuello.
Sí, reconozco esas voces
cómo cantaban. Me acuerdo.
Aquí en el fondo del alma
absorto, sobre lo trémulo
de la memoria desnuda,
todo se está repitiendo.
Y vienen luego las noches
interminables, el éxodo
por la derrota adelante,
hostigados, bajo el cielo
que ansiosamente los ojos
interrogan. Y de nuevo
alguien herido, que ya
le conozco en el acento,
alguien herido pregunta,
alguien herido pregunta
en la oscuridad. Silencio.
A cada instante que irrumpe
palpitante, como un eco
más interior, otro instante
responde agónico.
                    Cierro
los ojos, pero los ojos
del alma siguen abiertos

hasta el dolor. Y me tapo
los oídos y no puedo
dejar de oír estas voces
que me cantan aquí dentro.

CANCIÓN PARA ESE DÍA

He aquí que viene el tiempo de soltar palomas
en mitad de las plazas con estatua.
Van a dar nuestra hora. De un momento
a otro, sonarán campanas.

Mirad los tiernos nudos de los árboles
exhalarse visibles en la luz
recién inaugurada. Cintas leves
de nube en nube cuelgan. Y guirnaldas

sobre el pecho del cielo, palpitando,
son como el aire de la voz. Palabras
van a decirse ya. Oíd. Se escucha
rumor de pasos y batir de alas.

MORALIDADES

The artistic process is one of moral evaluation of human experience, by means of a technique which renders possible an evaluation more precise than any other. The poet tries to understand his experience in rational terms, to state his understanding, and simultaneously to state, by means of the feelings which we attach to words, the kind and degree of emotion that should properly be motivated by this understanding.

YVOR WINTERS: *In Defence of Reason*

En l'an trentiesme de mon aage,
Que toutes mes hontes j'ay beues...

VILLON

EN EL NOMBRE DE HOY

En el nombre de hoy, veintiséis
de abril y mil novecientos
cincuenta y nueve, domingo
de nubes con sol, a las tres
—según sentencia del tiempo—
de la tarde en que doy principio
a este ejercicio en pronombre primero
del singular, indicativo,

y asimismo en el nombre del pájaro
y de la espuma del almendro,
del mundo, en fin, que habitamos,
voy a deciros lo que entiendo.
Pero antes de ir adelante
desde esta página quiero
enviar un saludo a mis padres,
que no me estarán leyendo.

Para ti, que no te nombro,
amor mío —y ahora hablo en serio—,
para ti, sol de los días
y noches, maravilloso
gran premio de mi vida,
de toda la vida, qué puedo
decir, ni qué quieres que escriba
a la puerta de estos versos?

Finalmente a los amigos,
compañeros de viaje,
y sobre todos ellos
a vosotros, Carlos, Ángel,

Alfonso y Pepe, Gabriel
y Gabriel, Pepe (Caballero)
y a mi sobrino Miguel,
Joseagustín y Blas de Otero,

a vosotros pecadores
como yo, que me avergüenzo
de los palos que no me han dado,
señoritos de nacimiento
por mala conciencia escritores
de poesía social,
dedico también un recuerdo,
y a la afición en general.

[nota manuscrita:] usualmente
para las corridas de toros

[nota manuscrita:] Pretensión
decir que no
estás diciendo

BARCELONA JA NO ÉS BONA, O MI PASEO
SOLITARIO EN PRIMAVERA

A Fabián Estapé

Este despedazado anfiteatro,
impio honor de los dioses, cuya afrenta
publica el amarillo jaramago,
ya reducido a trágico teatro,
¡oh fábula del tiempo! representa
cuánta fue su grandeza y es su estrago.

RODRIGO CARO

En los meses de aquella primavera
pasaron por aquí seguramente
más de una vez.
Entonces, los dos eran muy jóvenes
y tenían el Chrysler amarillo y negro.
Los imagino al mediodía, por la avenida de los tilos,
la capota del coche salpicada de sol,
o quizá en Miramar, llegando a los jardines,
mientras que sobre el fondo del puerto y la ciudad
se mecen las sombrillas del restaurante al aire libre,
y las conversaciones, y la música,
fundiéndose al rumor de los neumáticos
sobre la grava del paseo.
       Sólo por un instante
se destacan los dos a pleno sol
con los trajes que he visto en las fotografías:
él examina un coche muchísimo más caro
—un Duesemberg *sport* con doble parabrisas,
bello como una máquina de guerra—

y ella se vuelve a mí, quizá esperándome,
y el vaivén de las rosas de la pérgola
parpadea en la sombra
de sus pacientes ojos de embarazada.
Era en el año de la Exposición.

Así yo estuve aquí
dentro del vientre de mi madre,
y es verdad que algo oscuro, que algo anterior me trae
por estos sitios destartalados.
Más aún que los árboles y la naturaleza
o que el susurro del agua corriente
furtiva, reflejándose en las hojas
—y eso que ya a mis años
se empieza a agradecer la primavera—,
yo busco en mis paseos los tristes edificios,
las estatuas manchadas con lápiz de labios,
los rincones del parque pasados de moda
en donde, por la noche, se hacen el amor...
Y a la nostalgia de una edad feliz
y de dinero fácil, tal como la contaban,
se mezcla un sentimiento bien distinto
que aprendí de mayor,
                              este resentimiento
contra la clase en que nací,
y que se complace también al ver mordida,
ensuciada la feria de sus vanidades
por el tiempo y las manos del resto de los hombres.

Oh mundo de mi infancia, cuya mitología
se asocia —bien lo veo—
con el capitalismo de empresa familiar!
Era ya un poco tarde

incluso en Cataluña, pero la *pax* burguesa
reinaba en los hogares y en las fábricas,
sobre todo en las fábricas — Rusia estaba muy lejos
y muy lejos Detroit.
Algo de aquel momento queda en estos palacios
y en estas perspectivas desiertas bajo el sol,
cuyo destino ya nadie recuerda.
Todo fue una ilusión, envejecida
como la maquinaria de sus fábricas,
o como la casa en Sitges, o en Caldetas,
heredada también por el hijo mayor.

Sólo montaña arriba, cerca ya del castillo,
de sus fosos quemados por los fusilamientos,
dan señales de vida los murcianos.
Y yo subo despacio por las escalinatas
sintiéndome observado, tropezando en las piedras
en donde las higueras agarran sus raíces,
mientras oigo a estos chavas nacidos en el Sur
hablarse en catalán, y pienso, a un mismo tiempo,
en mi pasado y en su porvenir.

Sean ellos sin más preparación
que su instinto de vida
más fuertes al final que el patrón que les paga
y que el *salta-taulells* que les desprecia:
que la ciudad les pertenezca un día.
Como les pertenece esta montaña,
este despedazado anfiteatro
de las nostalgias de una burguesía.

APOLOGÍA Y PETICIÓN

Y qué decir de nuestra madre España,
este país de todos los demonios
en donde el mal gobierno, la pobreza
no son, sin más, pobreza y mal gobierno
sino un estado místico del hombre,
la absolución final de nuestra historia?

De todas las historias de la Historia
sin duda la más triste es la de España,
porque termina mal. Como si el hombre,
harto ya de luchar con sus demonios,
decidiese encargarles el gobierno
y la administración de su pobreza.

Nuestra famosa inmemorial pobreza,
cuyo origen se pierde en las historias
que dicen que no es culpa del gobierno
sino terrible maldición de España,
triste precio pagado a los demonios
con hambre y con trabajo de sus hombres.

A menudo he pensado en esos hombres,
a menudo he pensado en la pobreza
de este país de todos los demonios.
Y a menudo he pensado en otra historia
distinta y menos simple, en otra España
en donde sí que importa un mal gobierno.

Quiero creer que nuestro mal gobierno
es un vulgar negocio de los hombres
y no una metafísica, que España

debe y puede salir de la pobreza,
que es tiempo aún para cambiar su historia
antes que se la lleven los demonios.

Porque quiero creer que no hay demonios.
Son hombres los que pagan al gobierno,
los empresarios de la falsa historia,
son hombres quienes han vendido al hombre,
los que le han convertido a la pobreza
y secuestrado la salud de España.

Pido que España expulse a esos demonios.
Que la pobreza suba hasta el gobierno.
Que sea el hombre el dueño de su historia.

NOCHE TRISTE DE OCTUBRE, 1959

A Juan Marsé

Definitivamente
parece confirmarse que este invierno
que viene, será duro.

Adelantaron
las lluvias, y el Gobierno,
reunido en consejo de ministros,
no se sabe si estudia a estas horas
el subsidio de paro
o el derecho al despido,
o si sencillamente, aislado en un océano,
se limita a esperar que la tormenta pase
y llegue el día, el día en que, por fin,
las cosas dejen de venir mal dadas.

En la noche de octubre,
mientras leo entre líneas el periódico,
me he parado a escuchar el latido
del silencio en mi cuarto, las conversaciones
de los vecinos acostándose,
                              todos esos rumores
que recobran de pronto una vida
y un significado propio, misterioso.

Y he pensado en los miles de seres humanos,
hombres y mujeres que en este mismo instante,
con el primer escalofrío,
han vuelto a preguntarse por sus preocupaciones.

por su fatiga anticipada,
por su ansiedad para este invierno,

mientras que afuera llueve.
Por todo el litoral de Cataluña llueve
cón verdadera crueldad, con humo y nubes bajas,
ennegreciendo muros,
goteando fábricas, filtrándose
en los talleres mal iluminados.
Y el agua arrastra hacia la mar semillas
incipientes, mezcladas en el barro,
árboles, zapatos cojos, utensilios
abandonados y revuelto todo
con las primeras Letras protestadas.

ALBADA

Despiértate. La cama está más fría
y las sábanas sucias en el suelo.
Por los montantes de la galería
	llega el amanecer,
con su color de abrigo de entretiempo
	y liga de mujer.

Despiértate pensando vagamente
que el portero de noche os ha llamado.
Y escucha en el silencio: sucediéndose
hacia lo lejos, se oyen enronquecer
los tranvías que llevan al trabajo.
	Es el amanecer.

Irán amontonándose las flores
cortadas, en los puestos de las Ramblas,
y silbarán los pájaros —cabrones—
desde los plátanos. mientras que ven volver
la negra humanidad que va a la cama
	después de amanecer.

Acuérdate del cuarto en que has dormido.
Entierra la cabeza en las almohadas,
sintiendo aún la irritación y el frío
	que da el amanecer
junto al cuerpo que tanto nos gustaba
	en la noche de ayer,

y piensa en que debieses levantarte.
Piensa en la casa todavía oscura
donde entrarás para cambiar de traje,

y en la oficina, con sueño que vencer,
y en muchas otras cosas que se anuncian
          desde el amanecer.

Aunque a tu lado escuches el susurro
de otra respiración. Aunque tú busques
el poco de calor entre sus muslos
medio dormido, que empieza a estremecer.
Aunque el amor no deje de ser dulce
          hecho al amanecer.

—Junto al cuerpo que anoche me gustaba
tanto desnudo, déjame que encienda
la luz para besarse cara a cara.
          en el amanecer.
Porque conozco el día que me espera.
          y no por el placer.

CONVERSACIONES POÉTICAS

(Formentor, mayo de 1959)

A Carlos Barral, amante de la estatua

Predominaba un sentimiento
de general jubilación.
                                Abrazos,
inesperadas preguntas de amistad
y la salutación
de algún maestro
—borrosamente afín a su retrato
en la Antología de Gerardo Diego—
nos recibieron al entrar.
                                Llegábamos,
después de un viaje demasiado breve,
de otro mundo quizá no más real
pero sin duda menos pintoresco.

Y algo de nuestro invierno, de sus preocupaciones
y de sus precauciones, seguramente se notaba
en nosotros aun cuando alcanzamos
el fondo de la estancia, donde un hombre muy joven,
de pie, nos esperaba silencioso
junto a los grandes ventanales.
Alguien nos presentó
por nuestros nombres, mientras que dábamos las gracias.
Y enseguida salimos al jardín.

A la orilla del mar,
entre geranios,
en el pequeño pabellón bajo los pinos

las conversaciones empezaban.
Sólo muy vagamente
recuerdo lo que hablamos —la imprecisión de hablar,
la sensación de hablar y oír hablar
es lo que me ha quedado, sobre todo.
Y las pausas pesadas como presentimientos,
las imágenes sueltas
del mar ensombreciéndose, pintado en la ventana,
y de la agitación silenciosa de los pinos
en el atardecer, captada unos instantes.
Hasta que al fin las luces se encendieron.

De noche, la terraza estaba aún tibia
y era dulce dejarse junto al mar,
con la luna y la música
difuminando los jardines, el Hotel apagado
en donde los famosos ya dormían.
Quedábamos los jóvenes.
                         No sé si la bebida
sola nos exaltó, puede que el aire,
la suavidad de la naturaleza
que hacía más lejanas nuestras voces,
menos reales, cuando rompimos a cantar.
Fue entonces ese instante de la noche
que se confunde casi con la vida.
Alguien bajó a besar los labios de la estatua
blanca, dentro en el mar, mientras que vacilábamos
contra la madrugada. Y yo pedí,
grité que por favor que no volviéramos
nunca, nunca jamás a casa.

Por supuesto, volvimos.
Es invierno otra vez, y mis ideas

sobre cualquier posible paraíso
me parece que están bastante claras
mientras escribo este poema
                              pero,
para qué no admitir que fui feliz,
que a menudo me acuerdo?

En estas otras noches de noviembre,
negras de agua, cuando se oyen bocinas
de barco, entre dos sueños, uno piensa
en lo que queda de esos días:
algo de luz y un poco de calor
intermitente,
como una brasa de antracita.

PARÍS, POSTAL DEL CIELO

Ahora, voy a contaros
cómo también yo estuve en París, y fui dichoso.

Era en los buenos años de mi juventud,
los años de abundancia
del corazón, cuando dejar atrás padres y patria
es sentirse más libre para siempre, y fue
en verano, aquel verano
de la huelga y las primeras canciones de Brassens,
y de la hermosa historia
de casi amor.

Aún vive en mi memoria aquella noche,
recién llegado. Todavía contemplo,
bajo el Pont Saint Michel, de la mano, en silencio,
la gran luna de agosto suspensa entre las torres
de Notre Dame, y azul
de un imposible el río tantas veces soñado
—*It's too romantic*, como tú me dijiste
al retirar los labios.

¿En qué sitio perdido
de tu país, en qué rincón de Norteamérica
y en el cuarto de quién, a las horas más feas,
cuando sueñes morir no te importa en qué brazos,
te llegará, lo mismo
que ahora a mí me llega, ese calor de gentes
y la luz de aquel cielo rumoroso
tranquilo, sobre el Sena?

Como sueño vivido hace ya mucho tiempo,
como aquella canción
de entonces, así vuelve al corazón,
en un instante, en una intensidad, la historia
de nuestro amor,
confundiendo los días y sus noches,
los momentos felices,
los reproches

y aquel viaje —camino de la cama—
en un vagón del Metro Étoile-Nation.

DE AQUÍ A LA ETERNIDAD

Ya soy dichoso, ya soy feliz
porque triunfante llegué a Madrid.
llegué a Madrid.

La viejecita, Coro

Lo primero, sin duda, es este ensanchamiento
de la respiración, casi angustioso.
Y la especial sonoridad del aire,
como una gran campana en el vacío,
acercándome olores
de jara de la sierra,
más perfumados por la lejanía,
y de tantos veranos juntos
de mi niñez.

Luego está la glorieta
preliminar, con su pequeño intento de jardín,
mundo abreviado, renovado y puro
sin demasiada convicción, y al fondo
la previsible estatua y el pórtico de acceso
a la magnífica .avenida,
a la famosa capital.

Y la vida, que adquiere
carácter panorámico,
inmensidad de instante también casi angustioso
—como de amanecer en campamento
o portal de belén—, la vida va espaciándose
otra vez bajo el cielo enrarecido
mientras que aceleramos.

Porque hay siempre algo más, algo espectral
como invisiblemente sustraído,
y sin embargo verdadero.
Yo pienso en zonas lívidas, en calles
o en caminos perdidos hacia pueblos
a lo lejos, igual que en un belén,
y vuelvo a ver esquinas de ladrillo injuriado
y pasos a nivel solitarios, y miradas
asomándose a vernos, figuras diminutas
que se quedan atrás para siempre, en la memoria,
como peones camineros.

Y esto es todo, quizás. Alrededor
se ciernen las fachadas, y hay gentes en la acera
frente al primer semáforo.

Cuando el rojo se apague torceremos
a la derecha,
hacia los barrios bien establecidos
de una vez para todas, con marquesas
y cajistas honrados de insigne tradición.
Ya estamos en Madrid, como quien dice.

TROMPE L'OEIL

A la pintura de Paco Todó

Indiscutiblemente no es un mundo
para vivir en él.

Esas antenas,
cuyas complicaciones, sobre el papel, adquieren
una excesiva deliberación,
y lo mismo esos barcos como cisternas madres
amamantando a los remolcadores,
son la flora y la fauna de un reino manual,
de una experiencia literal
mejor organizada que la nuestra.

Aunque la vaguedad quede en el fondo
—la dulce vaguedad del sentimiento,
que decía Espronceda—, suavizando
nuestra visión del tándem y la azada,
de todos cuantos útiles importa conocer.

(Como aquellos paisajes, en la Geografía
Elemental de Efetedé,
con ríos y montañas abriéndose hacia el mar,
mientras el tren, en primer término,
enfila el viaducto junto a la carretera,
por donde rueda solitariamente
un automóvil Ford, Modelo T.)

Que la satisfacción de la nostalgia
por el reino ordenado, grande y misterioso
de la tercera realidad

no sólo está en el vino y en las categorías:
también hacen soñar estas imágenes
con un mundo mejor.

Las lecciones de cosas siempre han sido románticas
—posiblemente porque interpretamos
los detalles al pie de la letra
y el conjunto en sentido figurado.

MAÑANA DE AYER, DE HOY

Es la lluvia sobre el mar.
   En la abierta ventana,
contemplándola, descansas
   la sién en el cristal.

Imagen de unos segundos,
   quieto en el contraluz,
tu cuerpo distinto, aún
   de la noche desnudo.

Y te vuelves hacia mí,
   sonriéndome. Yo pienso
en cómo ha pasado el tiempo,
   y te recuerdo así.

DÍAS DE PAGSANJAN

Como los sueños, más allá
    de la idea del tiempo,
hechos sueños de sueño os llevo,
    días de Pagsanján.

En el calor, tras la espesura,
    vuelve el río a latir
moteado, como un reptil.
    Y en la atmósfera oscura

bajo los árboles en flor,
    —relucientes, mojados,
cuando a la noche nos bañábamos—
    los cuerpos de los dos.

VOLVER

Mi recuerdo eran imágenes,
en el instante, de ti:
esa expresión y un matiz
de los ojos, algo suave

en la inflexión de tu voz,
y tus bostezos furtivos
de lebrel que ha maldormido
la noche en mi habitación.

Volver, pasados los años,
hacia la felicidad
—para verse y recordar
que yo también he cambiado.

LOCA

La noche, que es siempre ambigua,
    te enfurece —color
de ginebra mala, son
    tus ojos unas bichas.

Yo sé que vas a romper
    en insultos y en lágrimas
histéricas. En la cama,
    luego, te calmaré

con besos que me da pena
    dártelos. Y al dormir
te apretarás contra mí
    como una perra enferma.

HAPPY ENDING

Aunque la noche, conmigo,
    no la duermas ya,
sólo el azar nos dirá
    si es definitivo.

Que aunque el gusto nunca más
    vuelve a ser el mismo,
en la vida los olvidos
    no suelen durar.

AUDEN'S *AT LAST THE SECRET IS OUT...*

(en romance)

Como siempre ha de ocurrir
ya está sabido el misterio
y maduro, para dicho,
el cuentecillo indiscreto:
en los Cafés de la plaza
las lenguas lo están corriendo.
—Que la cabra tira al monte
y nunca hay humo sin fuego.

Tras el muerto en el estanque,
tras el fantasma en el huerto,
tras la señora que baila
y el hombre que bebe obseso,
tras la expresión de fatiga,
la jaqueca y el lamento,
existe siempre otra historia
que no es jamás la que vemos.

Tras la clara voz que ocultan
las tapias del monasterio.
tras los carteles del cine,
tras el olor de los setos.
tras las partidas de naipe.
la tos, las manos, el beso,
hay siempre una clave privada,
hay siempre un secreto perverso.

está perverso los contenidos del
secreto.

102

LA NOVELA DE UN JOVEN POBRE

Se llamaba Pacífico,
Pacífico Ricaport,
de Santa Rita en Pampanga,
en el centro de Luzón,

y todavía le quedaba
un ligero acento pampangueño
cuando se impacientaba
y en los momentos tiernos,

precisamente al recordar,
compadecido de sí mismo,
desde sus años de capital
su infancia de campesino,

en las noches laborables
—más acá del bien y el mal—
de las barras de los bares
de la calle de Isaac Peral,

porque era pobre y muy sensible,
y guapo además. que es peor,
sobre todo en los países
sin industrialización,

y eran vagos sus medios de vida
lo mismo que sus historias.
que sus dichas y desdichas
y sus llamadas telefónicas.

Cuántas noches suspirando
en el local ya vacío,
vino a sentarse a mi lado
y le ofrecí un cigarrillo.

En esas horas miserables
en que nos hacen compañía
hasta las manchas de nuestro traje,
hablábamos de la vida

y el pobre se lamentaba
de lo que hacían con él:
"Me han echado a patadas
de tantos cuartos de hotel..."

Adónde habrás ido a parar,
Pacífico, viejo amigo,
tres años más viejo ya?
Debes tener veinticinco.

A UNA DAMA MUY JOVEN, SEPARADA

En un año que has estado
casada, pechos hermosos,
amargas encontraste
las flores del matrimonio.

Y una buena mañana
la dulce libertad
elegiste impaciente,
como un escolar.

Hoy vestida de corsario
en los bares se te ve
con seis amantes por banda
—Isabel, niña Isabel—,

sobre un taburete erguida,
radiante, despeinada
por un viento sólo tuyo.
presidiendo la farra.

De quién. al fin de una noche,
no te habrás enamorado
por quererte enamorar!
Y todos me lo han contado.

¿No has aprendido. inocente,
que en tercera persona
los bellos sentimientos
son historias peligrosas?

Que la sinceridad
con que te has entregado
no la comprenden ellos,
niña Isabel. Ten cuidado.

Porque estamos en España.
Porque son uno y lo mismo
los memos de tus amantes,
el bestia de tu marido.

EPÍSTOLA FRANCESA

A Paco, por su carta desde New York

Alors, mon cher François, vous êtes bien le même!
D'un pas mal assuré, le fier visage blême,
Par le désir poussé d'un vieux rêve à huis clos,
Vous errez dans la nuit sans hâte et sans repos.
Ivre encor d'etre là, perdu dans cette ville,
Ainsi qu'un écolier sans devoirs, sans famille,
Vous guettez dans la foule empressée de New York
Le passage inquiétant et soudain d'un beau corps.

Je n'en suis que trop sûr, —votre désir balance.
Quel ordre faut-il suivre? Et quelle préséance
Établir parmi tant de beautés comme on voit?
L'affreux déchirement que l'embarras du choix!
Telle a l'air d'une vierge allant au sacrifice
Et sourit vaguement. Telle autre, d'une actrice
Au fond d'un vieux théâtre, fastueux et banal,
Qui rit d'un petit rire et pousse un cri fatal.
Il y en a dont le front s'ennoblit d'une tresse.
Il y en a dont le corps n'est qu'une inmense fesse.
Mais cette autre, miroir où pencher vos regrets,
Elle a le charme impur des vieux endroits discrets
Où vous avez appris les jeux inconvenables.
Ah! comme il était doux, ces soirs toujours semblables,
Sur un lit détraqué d'apprendre lentement
Les choses qu'on apprend pour être adolescent!

Voici l'ancien trésor des amours enfantines.
Ces yeux d'un vert brumeux, ces grâces florentines,
Cette simplicité, cette sainte impudeur
Dont parle votre lettre, vous ont percé le cœur.
Tout revient, mon ami, mais rien ne recommence.
Allez, si m'en croyez, au bout de l'expérience
Avec empressement, car vous êtes pressé.
Il n'y a plus triste temps que le futur passé.

CANCIÓN DE ANIVERSARIO

Porque son ya seis años desde entonces,
porque no hay en la tierra, todavía,
nada que sea tan dulce como una habitación
para dos, si es tuya y mía;
porque hasta el tiempo, ese pariente pobre
que conoció mejores días,
parece hoy partidario de la felicidad,
cantemos, alegría!

Y luego levantémonos más tarde,
como domingo. Que la mañana plena
se nos vaya en hacer otra vez el amor,
pero mejor: de otra manera
que la noche no puede imaginarse,
mientras el cuarto se nos puebla
de sol y vecindad tranquila, igual que el tiempo,
y de historia serena.

El eco de los días de placer,
el deseo, la música acordada
dentro en el corazón, y que yo he puesto apenas
en mis poemas, por romántica;
todo el perfume, todo el pasado infiel,
lo que fue dulce y da nostalgia,
¿no ves cómo se sume en la realidad que entonces
soñabas y soñaba?

La realidad —no demasiado hermosa—
con sus inconvenientes de ser dos,
sus vergonzosas noches de amor sin deseo
y de deseo sin amor,

que ni en seis siglos de dormir a solas
las pagaríamos. Y con
sus transiciones vagas, de la traición al tedio,
del tedio a la traición.

La vida no es un sueño, tú ya sabes
que tenemos tendencia a olvidarlo.
Pero un poco de sueño, no más. un si es no es
por esta vez, callándonos
el resto de la historia, y un instante
—mientras que tú y yo nos deseamos
feliz y larga vida en común—, estoy seguro
que no puede hacer daño.

EN EL CASTILLO DE LUNA

En el castillo de Luna
Tenéis al anciano preso.

. . . .

Cansadas ya las paredes
de guardar tan largo tiempo
a quien recibieron mozo
y ya le ven cano y ciego.

Romancero de BERNARDO DEL
CARPIO

Me digo que yo tenía
sólo diez años entonces,
que tú eras un hombre joven
y empezabas a vivir.
Y pienso en todo este tiempo,
que ha sido mi vida entera,
y en el poco que te queda
para intentar ser feliz.

Hoy te miran cano y viejo,
ya con la muerte en el alma,
las paredes de la casa
donde esperó tu mujer
tantas noches, tantos años,
y vuelves hecho un destrozo,
llenos de sombra los ojos
que casi no pueden ver.

En abril del treinta y nueve,
cuando entraste. primavera

embellecía la escena
de nuestra guerra civil.
Y era azul el cielo, claras
las aguas, y se pudrían
en las zanjas removidas
los muertos de mil en mil.

Ésta es la misma hermosura
que entonces abandonabas:
bajo las frescas acacias
desfila la juventud,
a cuerpo —chicos y chicas—
con los libros bajo el brazo.
Qué patético fracaso
la belleza y la salud.

Y los años en la cárcel,
como un tajo dividiendo
aquellos y estos momentos
de buen sol primaveral,
son un boquete en el alma
que no puedes tapar nunca,
una mina de amargura
y espantosa irrealidad.

Siete mil trescientos días
uno por uno vividos
con sus noches, confundidos
en una sola visión,
donde se juntan el hambre
y el mal olor de las mantas
y el frío en las madrugadas
y el frío en el corazón.

Ahora vuelve a la vida
y a ser libre, si es que puedes;
aunque es tarde y no te queden
esperanzas por cumplir,
siempre se obstina en ser dulce,
en merecer ser vivida
de alguna manera mínima
la vida en nuestro país.

Serás uno más, perdido,
viviendo de algún trabajo
deprimente y mal pagado,
soñando en algo mejor
que no llega. Quizá entonces
comprendas que no estás solo,
que nuestra España de todos
se parece a una prisión.

ASTURIAS, 1962

Como después de una detonación
cambia el silencio, así la guerra
nos dejó mucho tiempo ensordecidos.
Y cada estricta vida individual
era desgañitarse contra el muro
de un espeso silencio de papel de periódico.

Grises años gastados
tercamente aprendiendo a no sentirse sordos,
ni más solos tampoco de lo que es humano
que los hombres estén... Pero el silencio
es hoy distinto, porque está cargado.
Nos vuelve a visitar la confianza,

mientras imaginamos un paisaje
de vagonetas en las bocaminas
y de grúas inmóviles, como en una instantánea.

UN DÍA DE DIFUNTOS

Ahora que han pasado nueve meses
y que el invierno quedó atrás,
en estas tardes últimas de julio
pesarosas, cuando la luz color de acero
nos refugia en los sótanos,
quiero yo recordar un cielo azul de octubre
puro y profundo de Madrid,
y un día dedicado a la mejor memoria
de aquellos, cuyas vidas
son materia común,
sustancia y fundamento de nuestra libertad
más allá de los límites estrechos de la muerte.

Éramos unos cuantos
intelectuales, compañeros jóvenes,
los que aquella mañana lentamente avanzábamos
entre la multitud, camino de los cementerios,
pasada ya la hilera de los cobrizos álamos
y los desmontes suavizados
por el continuo régimen de lluvias,
hacia el lugar en que la carretera
recta apuntaba al corazón del campo.

Donde nos detuvimos,
junto a las grandes verjas historiadas,
a mirar el gran río de la gente
por la avenida al sol, que se arremolinaba
para luego perderse en los rincones
de la Sacramental, entre cipreses.
Aunque nosotros íbamos más lejos.

Sólo unos pocos pasos
nos separaban ya.
Y entramos uno a uno, en silencio,
como si aquel recinto
despertase en nosotros un sentimiento raro,
mezcla de soledad,
de solidaridad, que no recuerdo nunca
haber sentido en otro cementerio.

Porque no éramos muchos, es verdad,
en el campo sin cruces donde unos españoles
duermen aparte el sueño,
encomendados sólo a la esperanza humana,
a la memoria y las generaciones,
pero algo había uniéndonos a todos.
Algo vivo y humilde después de tantos años,
como aquellas cadenas de claveles rojos
dejadas por el pueblo
al pie del monumento a Pablo Iglesias,
como aquellas palabras:
te acuerdas, María, cuántas banderas...,
dichas en voz muy baja por una voz de hombre.
Y era la afirmación de aquel pasado,
la configuración de un porvenir
distinto y más hermoso.
                          Bajo la luz, al aire
libre del extrarradio, allí permanecíamos
no sé cuántos instantes
una pequeña multitud callada.

Ahora que han pasado nueve meses,
a vosotros, paisanos
del pueblo de Madrid, intelectuales,

pintores y escritores amigos,
mientras fuera oscurece imperceptiblemente,
quiero yo recordaros.
Porque pienso que en todos la imagen de aquel día,
la visión de aquel sol
y de aquella cabeza de español yacente
vivirán como un símbolo, como una invocación
apasionada hacia el futuro, en los momentos malos.

AÑOS TRIUNFALES

...y la más hermosa
sonríe al más fiero de los vencedores.

RUBÉN DARÍO

Media España ocupaba España entera
con la vulgaridad, con el desprecio
total de que es capaz, frente al vencido,
un intratable pueblo de cabreros.

Barcelona y Madrid eran algo humillado.
Como una casa sucia, donde la gente es vieja,
la ciudad parecía más oscura
y los Metros olían a miseria.

Con luz de atardecer, sobresaltada y triste.
se salía a las calles de un invierno
poblado de infelices gabardinas
a la deriva, bajo el viento.

Y pasaban figuras mal vestidas
de mujeres, cruzando como sombras,
solitarias mujeres adiestradas
—viudas, hijas o esposas—

en los modos peores de ganar la vida
y suplir a sus hombres. Por la noche,
las más hermosas sonreían
a los más insolentes de los vencedores.

PEEPING TOM

Ojos de solitario, muchachito atónito
que sorprendí mirándonos
en aquel pinarcillo, junto a la Facultad de Letras,
hace más de once años,

al ir a separarme,
todavía atontado de saliva y de arena,
después de revolcarnos los dos medio vestidos,
felices como bestias.

Tu recuerdo, es curioso
con qué reconcentrada intensidad de símbolo,
va unido a aquella historia,
mi primera experiencia de amor correspondido.

A veces me pregunto qué habrá sido de ti.
Y si ahora en tus noches junto a un cuerpo
vuelve la vieja escena
y todavía espías nuestros besos.

Así me vuelve a mí desde el pasado,
como un grito inconexo,
la imagen de tus ojos. Expresión
de mi propio deseo.

DURANTE LA INVASIÓN

Sobre el mantel, abierto. está el periódico
de la mañana. Brilla el sol en los vasos.
Almuerzo en el pequeño restaurante,
un día de trabajo.

Callamos casi todos. Alguien habla en voz vaga
—y son conversaciones con la especial tristeza
de las cosas que siempre suceden
y que no acaban nunca, o acaban en desgracia.

Yo pienso que a estas horas amanece en la Ciénaga,
que todo está indeciso. que no cesa el combate,
y busco en las noticias un poco de esperanza
que no venga de Miami.

Oh Cuba en el veloz amanecer del trópico,
cuando el sol no calienta y está el aire claro:
que tu tierra dé tanques y que tu cielo roto
sea gris de las alas de tus aeroplanos!

Contigo están las gentes de la caña de azúcar,
el hombre del tranvía, los de los restaurantes,
y todos cuantos hoy buscamos en el mundo
un poco de esperanza que no venga de Miami.

RUINAS DEL TERCER REICH

Todo pasó como él imaginara,
allá en el frente de Smolensk.
Y tú has envejecido —aunque sonrías
wie einst. Lili Marlen.

Nimbado por la niebla, igual que entonces,
surge ante mí tu rostro encantador
contra un fondo de carros de combate
y de cruces gamadas en la Place Vendôme.

En la barra del bar —ante una copa—,
plantada como cimbel,
obscenamente tú sonríes.
A quién, Lili Marlen?

Por los rusos vencido y por los años,
aún el irritado corazón
te pide guerra. Y en las horas últimas
de soledad y alcohol,

enfurecida y flaca, con las uñas
destrozas el pespunte de tu guante negro,
tu viejo guante de manopla negro
con que al partir dijiste adiós.

DESPUÉS DE LA NOTICIA DE SU MUERTE

Aun más que en sus poemas, en las breves
cartas que me escribiera
se retrataba esa reserva suya
voluntariosa, y a la vez atenta.

Y gusté de algo raro en nuestro tiempo,
que es la virtud —clásicamente bella—
de soportar la injuria de los años
con dignidad y fuerza.

Tras sus últimos versos, en vida releídos,
para él, por nosotros, una vejez serena
imaginé de luminosos días
bajo un cielo de México, claro como el de Grecia.

El sueño que él soñó en su juventud
y mi sueño de hablarle, antes de que muriera,
viven vida inmortal en el espíritu
de esa palabra impresa.

Su poesía, con la edad haciéndose
más hermosa, más seca;
mi pena resumida en un título de libro:
Desolación de la Quimera.

INTENTO FORMULAR MI EXPERIENCIA
DE LA GUERRA

Fueron, posiblemente,
los años más felices de mi vida,
y no es extraño, puesto que a fin de cuentas
no tenía los diez.

Las víctimas más tristes de la guerra
los niños son, se dice.
Pero también es cierto que es una bestia el niño:
si le perdona la brutalidad
de los mayores, él sabe aprovecharla,
y vive más que nadie
en ese mundo demasiado simple,
tan parecido al suyo.

Para empezar, la guerra
fue conocer los páramos con viento,
los sembrados de gleba pegajosa
y las tardes de azul, celestes y algo pálidas,
con los montes de nieve sonrosada a lo lejos.
Mi amor por los inviernos mesetarios
es una consecuencia
de que hubiera en España casi un millón de muertos.

A salvo en los pinares
—pinares de la Mesa, del Rosal, del Jinete!—.
el miedo y el desorden de los primeros días
eran algo borroso, con esa irrealidad
de los momentos demasiado intensos.
Y Segovia parecía remota

como una gran ciudad, era ya casi el frente
—o por lo menos un lugar heroico,
un sitio con tenientes de brazo en cabestrillo
que nos emocionaba visitar: la guerra
quedaba allí al alcance de los niños
tal y como la quieren.
A la vuelta, de paso por el puente Uñés,
buscábamos la arena removida
donde estaban, sabíamos, los cinco fusilados.
Luego la lluvia los desenterró.
los llevó río abajo.

Y me acuerdo también de una excursión a Coca,
que era el pueblo de al lado,
una de esas mañanas que la luz
es aún, en el aire, relámpago de escarcha,
pero que anuncian ya la primavera.
Mi recuerdo, muy vago, es sólo una imagen,
una nítida imagen de la felicidad
retratada en un cielo
hacia el que se apresura la torre de la iglesia,
entre un nimbo de pájaros.
Y los mismos discursos, los gritos, las canciones
eran como promesas de otro tiempo mejor,
nos ofrecían
un billete de vuelta al siglo diez y seis.
Qué niño no lo acepta?

Cuando por fin volvimos
a Barcelona, me quedó unos meses
la nostalgia de aquello, pero me acostumbré.
Quien me conoce ahora
dirá que mi experiencia

nada tiene que ver con mis ideas,
y es verdad. Mis ideas de la guerra cambiaron
después, mucho después
de que hubiera empezado la postguerra.

ELEGÍA Y RECUERDO DE LA CANCIÓN
FRANCESA

C'est une chanson
qui nous ressemble.

KOSMA Y PRÉVERT: *Les feuilles mortes*

Os acordáis: Europa estaba en ruinas.
Todo un mundo de imágenes me queda de aquel tiempo
descoloridas, hiriéndome los ojos
con los escombros de los bombardeos.
En España la gente se apretaba en los cines
y no existía la calefacción.

Era la paz —después de tanta sangre—
que llegaba harapienta, como la conocimos
los españoles durante cinco años.
Y todo un continente empobrecido,
carcomido de historia y de mercado negro,
de repente nos fue más familiar.

¡Estampas de la Europa de postguerra
que parecen mojadas en lluvia silenciosa,
ciudades grises adonde llega un tren
sucio de refugiados: cuántas cosas
de nuestra historia próxima trajisteis, despertando
la esperanza en España, y el temor!

Hasta el aire de entonces parecía
que estuviera suspenso, como si preguntara,
y en las viejas tabernas de barrio
los vencidos hablaban en voz baja...
Nosotros, los más jóvenes, como siempre esperábamos
algo definitivo y general.

Y fue en aquel momento, justamente
en aquellos momentos de miedo y esperanzas
—tan irreales, ay— que apareciste,
oh rosa de lo sórdido, manchada
creación de los hombres, arisca, vil y bella
canción francesa de mi juventud!

Eras lo no esperado que se impone
a la imaginación, porque es así la vida.
tú que cantabas la heroicidad canalla,
el estallido de las rebeldías
igual que llamaradas, y el miedo a dormir solo,
la intensidad que aflige al corazón.

Cuánto enseguida te quisimos todos!
En tu mundo de noches, con el chico y la chica
entrelazados, de pie en un quicio oscuro,
en la sordina de tus melodías,
un eco de nosotros resonaba exaltándonos
con la nostalgia de la rebelión.

Y todavía, en la alta noche, solo,
con el vaso en la mano, cuando pienso en mi vida,
otra vez más *sans faire du bruit* tus músicas
suenan en la memoria, como una despedida:
parece que fue ayer y algo ha cambiado.
Hoy no esperamos la revolución.

Desvencijada Europa de postguerra
con la luna asomando tras las ventanas rotas,
Europa anterior al milagro alemán,
imagen de mi vida, melancólica!
Nosotros, los de entonces, ya no somos los mismos,
aunque a veces nos guste una canción.

DESEMBARCO EN CITEREA

A Elaine y Tony

Como la luz, la música
tiene una calidad fosforescente y suave
de sueño recordado. Cerca el mar
y la noche tranquila sobre el gran paseo
le esperan, avivándole
la rara y tenue sensación de estar
que se siente en las islas y en los bares.

De vivir en la arena, bajo el sol.
son nobles esos cuerpos
y capaces de hacer llorar de amor
a una nube sin agua, en los que el beso
deja un sabor de sal en la saliva,
gusto de libertad que hace soñar
y sobrexcita al extranjero.

Cuando vaya a dormir,
a solas y muy tarde, la nostalgia
sucederá a la envidia y al deseo.
Nostalgia de una edad del corazón,
y de otra edad del cuerpo,
para de noche inventar en las playas
el mundo, de dos en dos.

No sólo desear, pero sentirse
deseado él también. Es ese sueño,
el mismo sueño de su adolescencia,
cada vez más remoto. Porque le apremia el tiempo,
y en amor —él lo sabe—

aunque no tiene aún que dar dinero
tiene ya que dar inteligencia.

Mañana por la noche sin luna, sobre el mar,
volando hacia su casa,
irá con él la imagen de estos cuerpos
dorados. Y en su imprecisa gracia
sentirá que le inquieta un reproche,
doloroso y trivial como el recuerdo
de una deuda olvidada.

EN UNA DESPEDIDA

A Jimmy Baldwin

Tardan las cartas y son poco
para decir lo que uno quiere.
Después pasan los años, y la vida
(demasiado confusa para explicar por carta)
nos hará más perdidos.
Los unos en los otros, iguales a las sombras
al fondo de un pasillo desvayéndonos,
viviremos de luz involuntaria
pero sólo un instante, porque ya el recuerdo
será como un puñado de conchas recogidas,
tan hermoso en sí mismo que no devuelve nunca
las palmeras felices y el mar trémulo.

Todo fue hace minutos: dos amigos
hemos visto tu rostro terriblemente serio
queriendo sonreír.
            Has desaparecido.
Y estamos los dos solos y en silencio,
en medio de este día de domingo,
bellísimo de mayo, con matrimonios jóvenes
y niños excitados que gritaban
al levantarse tu avión.
Ahora las montañas parecen más cercanas.
Y, por primera vez,
pensamos en nosotros.

A solas con tu imagen,
cada cual se conoce por este sentimiento
de cansancio, que es dulce —como un brillo de lágrimas
que empaña la memoria de estos días,
esta extraña semana.

Y el mal que nos hacemos,
como el que a ti te hicimos, lo inevitablemente
amargo de esta vida en la que siempre, siempre,
somos peores que nosotros mismos,
acaso resucite un viejo sueño
sabido y olvidado.
El sueño de ser buenos y felices.

Porque sueño y recuerdo tienen fuerza
para obligar la vida,
aunque sean no más que un límite imposible.
Si este mar de proyectos
y tentativas naufragadas,
este torpe tapiz a cada instante
tejido y destejido,
esta guerra perdida,
nuestra vida,
da de sí alguna vez un sentimiento digno,
un acto verdadero,
en él tu estarás para siempre asociado
a mi amigo y a mí. No te habremos perdido.

RIBERA DE LOS ALISOS

Los pinos son más viejos.
                            Sendero abajo,
sucias de arena y rozaduras
igual que mis rodillas cuando niño,
asoman las raíces.
Y allá en el fondo el río entre los álamos
completa como siempre este paisaje
que yo quiero en el mundo,
mientras que me devuelve su recuerdo
entre los más primeros de mi vida.

Un pequeño rincón en el mapa de España
que me sé de memoria, porque fue mi reino.
Podría imaginar
que no ha pasado el tiempo,
lo mismo que a seis años, a esa edad
en que el dormir descansa verdaderamente,
con los ojos cerrados
y despierto en la cama, las mañanas de invierno,
imaginaba un día del verano anterior.
                            Con el olor
profundo de los pinos.
Pero están estos cambios apenas perceptibles,
en las raíces, o en el sendero mismo,
que me fuerzan a veces a deshacer lo andado.
Están estos recuerdos, que sirven nada más
para morir conmigo.

Por lo menos la vida en el colegio
era un indicio de lo que es la vida.
Y sin embargo, son estas imágenes

—una noche a caballo, el nacimiento
terriblemente impuro de la luna,
o la visión del río apareciéndose
hace ya muchos años, en un mes de setiembre,
la exaltación y el miedo de estar solo
cuando va a atardecer—,
antes que otras ningunas,
las que vuelven y tienen un sentido
que no sé bien cuál es.
                    La intensidad
de un fogonazo, puede que solamente,
y también una antigua inclinación humana
por confundir belleza y significación.

Imágenes hermosas de una historia
que no es toda la historia.
Demasiado me acuerdo de los meses de octubre,
de las vueltas a casa ya de noche, cantando,
con el viento de otoño cortándonos los labios,
y de la excitación en el salón de arriba
junto al fuego encendido, cuando eran familiares
el ritmo de la casa y el de las estaciones,
la dulzura de un orden artificioso y rústico,
como los personajes
en el papel de la pared.

Sueño de los mayores, todo aquello.
Sueño de su nostalgia de otra vida más noble,
de otra edad exaltándoles
hacia una eternidad de grandes fincas,
más allá de su miedo a morir ellos solos.
Así fui, desde niño, acostumbrado
al ejercicio de la irrealidad,

y todavía, en la melancolía
que de entonces me queda,
hay rencor de conciencia engañada,
resentimiento demasiado vivo
que ni el silencio y la soledad lo calman,
aunque acaso también algo más hondo
traigan al corazón.
                    Como el latido
de los pinares, al pararse el viento,
que se preparan para oscurecer.

Algo que ya no es casi sentimiento,
una disposición
de afinidad profunda
con la naturaleza y con los hombres,
que hasta la idea de morir parece
bella y tranquila. Igual que este lugar.

PANDÉMICA Y CELESTE

quam magnus numerus Libyssae arenae
. . . .
aut quam sidera multa, cum tacet nox,
furtiuos hominum uident amores.

CATULO, VII

Imagínate ahora que tú y yo
muy tarde ya en la noche
hablemos hombre a hombre, finalmente.
Imagínatelo,
en una de esas noches memorables
de rara comunión, con la botella
medio vacía, los ceniceros sucios,
y después de agotado el tema de la vida.
Que te voy a enseñar un corazón,
un corazón infiel,
desnudo de cintura para abajo,
hipócrita lector —*mon semblable,* —*mon frère!*

Porque no es la impaciencia del buscador de orgasmo
quien me tira del cuerpo hacia otros cuerpos
a ser posible jóvenes:
yo persigo también el dulce amor,
el tierno amor para dormir al lado
y que alegre mi cama al despertarse,
cercano como un pájaro.
¡Si yo no puedo desnudarme nunca,
si jamás he podido entrar en unos brazos
sin sentir —aunque sea nada más que un momento—
igual deslumbramiento que a los veinté años!

134

Para saber de amor, para aprenderle,
haber estado solo es necesario.
Y es necesario en cuatrocientas noches
—con cuatrocientos cuerpos diferentes—
haber hecho el amor. Que sus misterios,
como dijo el poeta, son del alma,
pero un cuerpo es el libro en que se leen.

Y por eso me alegro de haberme revolcado
sobre la arena gruesa, los dos medio vestidos,
mientras buscaba ese tendón del hombro.
Me conmueve el recuerdo de tantas ocasiones...
Aquella carretera de montaña
y los bien empleados abrazos furtivos
y el instante indefenso, de pie, tras el frenazo,
pegados a la tapia, cegados por las luces.
O aquel atardecer cerca del río
desnudos y riéndonos, de yedra coronados.
O aquel portal en Roma —en via del Babuino.
Y recuerdos de caras y ciudades
apenas conocidas, de cuerpos entrevistos,
de escaleras sin luz, de camarotes,
de bares, de pasajes desiertos, de prostíbulos,
y de infinitas casetas de baños,
de fosos de un castillo.
Recuerdos de vosotras, sobre todo,
oh noches en hoteles de una noche,
definitivas noches en pensiones sórdidas,
en cuartos recién fríos,
noches que devolvéis a vuestros huéspedes
un olvidado sabor a sí mismos!
La historia en cuerpo y alma, como una imagen rota,
de la langueur goutée à ce mal d'être deux.

Sin despreciar
—alegres como fiesta entre semana—
las experiencias de promiscuidad.

Aunque sepa que nada me valdrían
trabajos de amor disperso
si no existiese el verdadero amor.
Mi amor,
          íntegra imagen de mi vida,
sol de las noches mismas que le robo.

Su juventud, la mía,
—música de mi fondo—
sonríe aún en la imprecisa gracia
de cada cuerpo joven,
en cada encuentro anónimo,
iluminándolo. Dándole un alma.
Y no hay muslos hermosos
que no me hagan pensar en sus hermosos muslos
cuando nos conocimos. antes de ir a la cama.

Ni pasión de una noche de dormida
que pueda compararla
con la pasión que da el conocimiento,
los años de experiencia
de nuestro amor.
                    Porque en amor también
es importante el tiempo,
y dulce, de algún modo,
verificar con mano melancólica
su perceptible paso por un cuerpo
—mientras que basta un gesto familiar
en los labios,

o la ligera palpitación de un miembro,
para hacerme sentir la maravilla
de aquella gracia antigua,
fugaz como un reflejo.

Sobre su piel borrosa,
cuando pasen más años y al final estemos,
quiero aplastar los labios invocando
la imagen de su cuerpo
y de todos los cuerpos que una vez amé
aunque fuese un instante, deshechos por el tiempo.
Para pedir la fuerza de poder vivir
sin belleza. sin fuerza y sin deseo,
mientras seguimos juntos
hasta morir en paz. los dos,
como dicen que mueren los que han amado mucho.

EL JUEGO DE HACER VERSOS

El juego de hacer versos
—que no es un juego— es algo
parecido en principio
al placer solitario.

Con la primera muda,
en los años nostálgicos
de nuestra adolescencia,
a escribir empezamos.

Y son nuestros poemas
del todo imaginarios
—demasiado inexpertos
ni siquiera plagiamos—

porque la Poesía
es un ángel abstracto
y, como todos ellos,
predispuesto a halagarnos.

El arte es otra cosa
distinta. El resultado
de mucha vocación
y un poco de trabajo.

Aprender a pensar
en renglones contados
—y no en los sentimientos
con que nos exaltábamos—,

tratar con el idioma
como si fuera mágico
es un buen ejercicio,
que llega a emborracharnos.

Luego está el instrumento
en su punto afinado:
la mejor poesía
es el Verbo hecho tango.

Y los poemas son
un modo que adoptamos
para que nos entiendan
y que nos entendamos.

Lo que importa explicar
es la vida, los rasgos
de su filantropía,
las noches de sus sábados.

La manera que tiene
sobre todo en verano
de ser un paraíso.
Aunque, de cuando en cuando,

si alguna de esas noches
que las carga el diablo
uno piensa en la historia
de estos últimos años,

si piensa en esta vida
que nos hace pedazos

de madera podrida,
perdida en un naufragio,

la conciencia le pesa
—por estar intentando
persuadirse en secreto
de que aún es honrado.

El juego de hacer versos,
que no es un juego, es algo
que acaba pareciéndose
al vicio solitario.

POEMAS PÓSTUMOS

A Bel, *Belle* Bel, y a Gustavo,
in memoriam.

Of all the barbarous middle ages, that
    Which is most barbarous is the middle age
Of man: it is —I really scarce know what;
    But when we hover between fool and sage,
And don't know justly what we would be at—
    A period something like a printed page,
Black letter upon foolscap, while our hair
Grows grizzled, and we are not what we were;—

Too old for youth, —too young, at thirty five,
    To herd with boys, or hoard with good threescore,—
I wonder people should be left alive;
    But since they are, that epoch is a bore;
Love lingers still, although 'twere late to wive;
    And as for other love, the illusion's o'er;
And money, that most pure imagination,
Gleams only through the dawn of its creation.

BYRON, *Don Juan*, XII, 1-2

A GABRIEL FERRATER

Dedicándole un ejemplar de *Moralidades*

More than nine years ago, —a hell of a lot of time—
In an old country manor while the lingering chime
Of rain was heard outdoors, by the fire we sat.
Lazy, well fed, indoorish, each other's best liked cat,
For both of us we were in very high spirits,—
Chinchón if I remember— we kept playing old lyrics
Sung by Judy Garland, thought the world was a friend
And talked ourselves to drunkenness for hours without
   end.

Let them now do the talking, those sons-of-what-we-
   spoke,—
Your poems and my poems, our old own private joke!

PÍOS DESEOS AL EMPEZAR EL AÑO

Pasada ya la cumbre de la vida,
justo del otro lado, yo contemplo
un paisaje no exento de belleza
en los días de sol, pero en invierno inhóspito.
Aquí sería dulce levantar la casa
que en otros climas no necesité,
aprendiendo a ser casto y a estar solo.
Un orden de vivir, es la sabiduría.
Y qué estremecimiento,
purificado, me recorrería
mientras que atiendo al mundo
de otro modo mejor, menos intenso,
y medito a las horas tranquilas de la noche,
cuando el tiempo convida a los estudios nobles,
el severo discurso de las ideologías
—o la advertencia de las constelaciones
en la bóveda azul...
Aunque el placer del pensamiento abstracto
es lo mismo que todos los placeres:
reino de juventud.

CONTRA JAIME GIL DE BIEDMA

De qué sirve, quisiera yo saber, cambiar de piso,
dejar atrás un sótano más negro
que mi reputación —y ya es decir—.
poner visillos blancos
y tomar criada,
renunciar a la vida de bohemio,
si vienes luego tú, pelmazo,
embarazoso huésped, memo vestido con mis trajes,
zángano de colmena, inútil, cacaseno,
con tus manos lavadas,
a comer en mi plato y a ensuciar la casa?

Te acompañan las barras de los bares
últimos de la noche. los chulos. las floristas,
las calles muertas de la madrugada
y los ascensores de luz amarilla
cuando llegas. borracho,
y te paras a verte en el espejo
la cara destruida,
con ojos todavía violentos
que no quieres cerrar. Y si te increpo,
te ríes. me recuerdas el pasado
y dices que envejezco.

Podría recordarte que ya no tienes gracia.
Que tu estilo casual y que tu desenfado
resultan truculentos
cuando se tienen más de treinta años,
y que tu encantadora
sonrisa de muchacho soñoliento
—seguro de gustar— es un resto penoso,

un intento patético.
Mientras que tú me miras con tus ojos
de verdadero huérfano, y me lloras
y me prometes ya no hacerlo.

Si no fueses tan puta!
Y si yo no supiese, hace ya tiempo,
que tú eres fuerte cuando yo soy débil
y que eres débil cuando me enfurezco...
De tus regresos guardo una impresión confusa
de pánico, de pena y descontento,
y la desesperanza
y la impaciencia y el resentimiento
de volver a sufrir, otra vez más,
la humillación imperdonable
de la excesiva intimidad.

A duras penas te llevaré a la cama,
como quien va al infierno
para dormir contigo.
Muriendo a cada paso de impotencia,
tropezando con muebles
a tientas, cruzaremos el piso
torpemente abrazados, vacilando
de alcohol y de sollozos reprimidos,
Oh innoble servidumbre de amar seres humanos,
y la más innoble
que es amarse a sí mismo!

NOSTALGIE DE LA BOUE

Nuevas disposiciones de la noche,
sórdidos ejercicios al dictado, lecciones del deseo
que yo aprendí, pirata,
oh joven pirata de los ojos azules.

En calles resonantes la oscuridad tenía
todavía la misma espesura total
que recuerdo en mi infancia.
Y dramáticas sombras, revestidas
con el prestigio de la prostitución,
a mi lado venían de un infierno
grasiento y sofocante como un cuarto de máquinas.

¡Largas últimas horas,
en mundos amueblados
con deslustrada loza sanitaria
y cortinas manchadas de permanganato!
Como un operario que pule una pieza,
como un afilador,
fornicar poco a poco mordiéndome los labios.

Y sentirse morir por cada pelo
de gusto, y hacer daño.

La luz amarillenta, la escalera
estremecida toda de susurros, mis pasos,
eran aún una prolongación
que me exaltaba,
lo mismo que el olor en las manos
—o que al salir el frío de la madrugada, intenso
como el recuerdo de una sensación.

UN CUERPO ES EL MEJOR AMIGO DEL HOMBRE

Las horas no han pasado, todavía,
y está mañana lejos igual a un arrecife
que apenas yo distingo.

      Tú no sientes
cómo el tiempo se adensa en esta habitación
con la luz encendida, como está fuera el frío
lamiendo los cristales... Qué deprisa,
en mi cama esta noche, animalito,
con la simple nobleza de la necesidad,
mientras que te miraba, te quedaste dormido.

Así pues, buenas noches.
               Ese país tranquilo
cuyos contornos son los de tu cuerpo
da ganas de morir recordando la vida,
o de seguir despierto
—cansado y excitado— hasta el amanecer.

A solas con la edad, mientras tú duermes
como quien no ha leído nunca un libro,
pequeño animalito: ser humano
—más franco que en mis brazos—.
por lo desconocido.

EPIGRAMA VOTIVO

(*Antología palatina*, libro VI, y en imitación de Góngora)

Estas con varia suerte ejercitadas
en áspero comercio, en dulce guerra,
armas insidïosas
—oh reina de la tierra,
señora de los dioses y las diosas—,
ya herramientas melladas y sin filo,
en prenda a ti fïadas,
hoy las acoge tu sagrado asilo,
Cipris, deidad de la pasión demótica.

Bajo una nueva advocación te adoro:
Afrodita Antibiótica.

DEL AÑO MALO

Diciembre es esta imagen
de la lluvia cayendo con rumor de tren,
con un olor difuso a carbonilla y campo.
Diciembre es un jardín, es una plaza
hundida en la ciudad,
al final de una noche,
y la visión en fuga de unos soportales.

Y los ojos inmensos
—tizones agrandados—
en la cara morena de una cría
temblando igual que un gorrión mojado.
En la mano sostiene unos zapatos rojos,
elegantes, flamantes como un pájaro exótico.

El cielo es negro y gris
y rosa en sus extremos,
la luz de las farolas un resto amarillento.
Bajo un golpe de lluvia, llorando, yo atravieso,
innoble como un trapo, mojado hasta los cuernos.

HA VENIDO A ESA HORA

No vive en este barrio.
No conoce las tiendas.
No conoce a las gentes
que se afanan en ellas.
No sabe a lo que vino.
No compra aquí la prensa.
Recuerda las esquinas
que los perros recuerdan.

Ventanas encendidas
le agrandan la tristeza.
Corazón transeúnte,
junto a las casas nuevas
camina vacilando,
como un hombre a quien llevan.
El viento del suburbio
se le enreda en las piernas.

La calle como entonces.
Como entonces ajena.
Y el aire. oscurecido
la noche que se acerca.
Cuando dobla la esquina
y aprieta el paso. sueña
que el tiempo no ha cambiado,
jugando a que regresa.

Luego pasa de largo,
y piensa: fue una época.

NO VOLVERÉ A SER JOVEN

Que la vida iba en serio
uno lo empieza a comprender más tarde
—como todos los jóvenes, yo vine
a llevarme la vida por delante.

Dejar huella quería
y marcharme entre aplausos
—envejecer, morir, eran tan sólo
las dimensiones del teatro.

Pero ha pasado el tiempo
y la verdad desagradable asoma:
envejecer, morir,
es el único argumento de la obra.

RESOLUCIÓN

Resolución de ser feliz
por encima de todo, contra todos
y contra mí, de nuevo
—por encima de todo, ser feliz—
vuelvo a tomar esa resolución.

Pero más que el propósito de enmienda
dura el dolor del corazón.

PRÍNCIPE DE AQUITANIA, EN SU TORRE
ABOLIDA

Una clara conciencia de lo que ha perdido,
es lo que le consuela. Se levanta
cada mañana a fallecer, discurre por estancias
en donde sordamente duele el tiempo
que se detuvo, la herida mal cerrada.
Dura en ningún lugar este otro mundo,
y vuelve por la noche en las paradas
del sueño fatigoso... Reino suyo
dorado, cuántas veces
por él pregunta en la mitad del día,
con el temor de olvidar algo!
Las horas, largo viaje desabrido.
La historia es un instante preferido,
un tesoro en imágenes, que él guarda
para su necesaria consulta con la muerte.
Y el final de la historia es esta pausa.

DESPUÉS DE LA MUERTE DE
JAIME GIL DE BIEDMA

En el jardín, leyendo.
la sombra de la casa me oscurece las páginas
y el frío repentino de final de agosto
hace que piense en ti.

El jardín y la casa cercana
donde pían los pájaros en las enredaderas,
una tarde de agosto, cuando va a oscurecer
y se tiene aún el libro en la mano,
eran, me acuerdo, símbolo tuyo de la muerte.
Ojalá en el infierno
de tus últimos días te diera esta visión
un poco de dulzura. aunque no lo creo.

En paz al fin conmigo,
puedo ya recordarte
no en las horas horribles, sino aquí
en el verano del año pasado.
cuando agolpadamente
—tantos meses borradas—
regresan las imágenes felices
traídas por tu imagen de la muerte...
Agosto en el jardín, a pleno día.

Vasos de vino blanco
dejados en la hierba, cerca de la piscina.
calor bajo los árboles. Y voces
que gritan nombres.
Ángel.
Juan. María Rosa. Marcelino. Joaquina

155

—Joaquina de pechitos de manzana.
Tú volvías riendo del teléfono
anunciando más gente que venía:
te recuerdo correr,
la apagada explosión de tu cuerpo en el agua.

Y las noches también de libertad completa
en la casa espaciosa, toda para nosotros
lo mismo que un convento abandonado,
y la nostalgia de puertas secretas,
aquel correr por las habitaciones,
buscar en los armarios
y divertirse en la alternancia
de desnudo y disfraz, desempolvando
batines, botas altas y calzones,
arbitrarias escenas,
viejos sueños eróticos de nuestra adolescencia,
muchacho solitario.
                    Te acuerdas de Carmina,
de la gorda Carmina subiendo la escalera
con el culo en pompa
y llevando en la mano un candelabro?

Fue un verano feliz.
                    ...*El último verano*
de nuestra juventud, dijiste a Juan
en Barcelona al regresar
nostálgicos,
y tenías razón. Luego vino el invierno,
el infierno de meses
y meses de agonía
y la noche final de pastillas y alcohol
y vómito en la alfombra.

Yo me salvé escribiendo
después de la muerte de Jaime Gil de Biedma.

De los dos, eras tú quien mejor escribía.
Ahora sé hasta qué punto tuyos eran
el deseo de ensueño y la ironía,
la sordina romántica que late en los poemas
míos que yo prefiero, por ejemplo en *Pandémica*...
A veces me pregunto
cómo será sin ti mi poesía.

Aunque acaso fui yo quien te enseñó.
Quien te enseñó a vengarte de mis sueños,
por cobardía, corrompiéndolos.

ULTRAMORT

Una casa desierta que yo amo,
a dos horas de aquí,
me sirve de consuelo.

En sus tejas roídas por la hierba
la luna se extenúa,
se duerme el sol del tiempo.

Entre sus muros el silencio existe
que ahora yo imagino
—soñando con vivir

una segunda infancia prolongada
hasta el agotamiento
de ser carnal, feliz.

Me asomaré callado a ver el día,
contento de estar solo
con la vida bastante.

Encontrar en la cama otro cuerpo,
no más que algunas noches,
será como bañarme.

CONVERSACIÓN

Los muertos pocas veces libertad
alcanzáis a tener, pero la noche
que regresáis es vuestra,
vuestra completamente.

Amada mía, remordimiento mío,
la nuit c'est toi cuando estoy solo
y vuelves tú, comienzas
en tus retratos a reconocerme.

¿Qué daño me recuerda tu sonrisa?
¿Y cuál dureza mía está en tus ojos?
¿Me tranquilizas porque estuve cerca
de ti en algún momento?

La parte de tu muerte que me doy,
la parte de tu muerte que yo puse
de mi cosecha, cómo poder pagártela...
Ni la parte de vida que tuvimos juntos.

Cómo poder saber que has perdonado,
conmigo sola en el lugar del crimen?
Cómo poder dormir, mientras que tú tiritas
en el rincón más triste de mi cuarto?

ARTES DE SER MADURO

A José Antonio.

Todavía la vieja tentación
de los cuerpos felices y de la juventud
tiene atractivo para mí,
no me deja dormir
y esta noche me excita.

Porque alguien contó historias
de pescadores en la playa,
cuando vuelven: la raya del amanecer
marcando, lívida, el límite del mar,
y asan sardinas frescas
en espetones, sobre la arena.
Lo imagino en seguida.
Y me coge un deseo de vivir
y ver amanecer, acostándome tarde,
que no está en proporción con la edad que ya tengo.

Aunque quizás alivie despertarse
a otro ritmo, mañana.
                    Liberado
de las exaltaciones de esta noche,
de sus fantasmas en *blue jeans*.

Como libros leídos han pasado los años
que van quedando lejos, ya sin razón de ser
—obras de otro momento.
                    Y el ansia de llorar
y el roce de la sábana, que me tenía inquieto
en las odiosas noches de verano,

el lujo de impaciencia y el don de la elegía
y el don de disciplina aplicada al ensueño,
mi fe en la gran historia...
Soldado de la guerra perdida de la vida,
mataron mi caballo, casi no lo recuerdo.
Hasta que me estremece
un ramalazo de sensualidad.

Envejecer tiene su gracia.
Es igual que de joven
aprender a bailar, plegarse a un ritmo
más insistente que nuestra inexperiencia.
Y procura también cierto instintivo
placer curioso,
una segunda naturaleza.

PARA GUSTAVO, EN SUS SESENTA AÑOS

Algo de tu pasado, me dijiste
que yo te devolvía.

Horas alegres de los años veinte,
conversaciones, risas
que en tu memoria son la juventud,
la camaradería
—músicos y poetas— de tu generación.
por la guerra esparcida.

Yo dije que lo bueno entre los dos
y lo raro —tú ya te divertías
antes de yo nacer—. es que aprendimos
la historia de la vida
en distinto ejemplar del mismo libro.
Y que hemos hecho guardia en iguales garitas.

De viva voz, entonces,
no me atreví a decir que en ti veía
algo de mi futuro,
por miedo a una respuesta demasiado íntima.
Hoy —desde lejos— ya puedo ser sincero
y egoísta.

añadiendo: goza por muchos años.
sé feliz todavía.

AMOR MÁS PODEROSO QUE LA VIDA

La misma calidad que el sol en tu país,
saliendo entre las nubes:
alegre y delicado matiz en unas hojas,
fulgor en un cristal, modulación
del apagado brillo de la lluvia.

La misma calidad que tu ciudad,
tu ciudad de cristal innumerable
idéntica y distinta, cambiada por el tiempo:
calles que desconozco y plaza antigua
de pájaros poblada,
la plaza en que una noche nos besamos.

La misma calidad que tu expresión,
al cabo de los años,
esta noche al mirarme:
la misma calidad que tu expresión
y la expresión herida de tus labios.

Amor que tiene calidad de vida,
amor sin exigencia de futuro,
presente del pasado,
amor más poderoso que la vida:
perdido y encontrado.
Encontrado, perdido...

CANCIÓN DE VERBENA

por Jaume Sisa

Es el instante al fin,
y la hora más afín
al dulce hechizo de la música:
el baile empieza ya.
Y el ritmo ondulará
diciéndonos que todo es siempre así.

Al aire del compás
la noche es vuelo ya,
sensual inmensidad, tiempo en jardín.
Y en la celeste oscuridad
cada cohete al estallar
y morir
deja un destello de amistad.

La luna luce tan gentil,
como si fuera de ilusión
y verdad.
La primavera se nos va,
pero ya está el verano aquí.

LA CALLE PANDROSSOU

Bienamadas imágenes de Atenas.

En el barrio de Plaka,
junto a Monastiraki,
una calle vulgar con muchas tiendas.

Si alguno que me quiere
alguna vez va a Grecia
y pasa por allí, sobre todo en verano,
que me encomiende a ella.

Era un lunes de agosto
después de un año atroz, recién llegado.
Me acuerdo que de pronto amé la vida,
porque la calle olía
a cocina y a cuero de zapatos.

ÚLTIMOS MESES

Eti. Etinini

Habitaba un país delimitado
por la cercana costa de la muerte
y el jardín de la infancia, que ella nunca olvidó.

Otro mundo más cándido era el suyo.
Misterioso, por simple,
como un reloj de sol.

SON PLÁTICAS DE FAMILIA

Qué me agradeces, padre, acompañándome
con esta confianza
que entre los dos ha creado tu muerte?

No puedes darme nada. No puedo darte nada,
y por eso me entiendes.

La vida a veces es tan breve
y tan completa que un minuto
—cuando me dejo y tú te dejas—
va más aprisa y dura mucho.

La vida a veces es más rica.
Y nos convida a los dos juntos
a su palacio, entre semana,
o los domingos a dar tumbos.

La vida entonces, ya se cuenta
por unidades de amor tuyo,
tan diminutas que se olvidan
en lo feliz, en lo confuso.

La vida a veces es tan poco
y tan intensa —si es tu gusto...
Hasta el dolor que tú me haces
da otro sentido a ser del mundo.

La vida, luego, ya es nosotros
hasta el extremo más inmundo.
Porque quererse es un castigo
y es un abismo vivir juntos.

A TRAVÉS DEL ESPEJO

In memoriam Gabriel Ferrater

Como enanos y monos en la orla
de una tapicería en la que tú campabas
borracho, persiguiendo jovencitas...
O como fieles, asistentes
—mientras nos encantabas—
al santo sacrificio de la fama
de tu exceso de ser inteligente,
éramos todos para ti. Trabajos
de seducción perdidos fue tu vida.

Y tus buenos poemas, añagazas
de fin de juerga, para retenernos.

HIMNO A LA JUVENTUD

Heu quantum per se candida forma valet!

PROPERCIO, II, XXIX, 30

A qué vienes ahora,
juventud,
encanto descarado de la vida?
Qué te trae a la playa?
Estábamos tranquilos los mayores
y tú vienes a herirnos, reviviendo
los más temibles sueños imposibles,
tú vienes para hurgarnos las imaginaciones.

De las ondas surgida,
toda brillos, fulgor, sensación pura
y ondulaciones de animal latente,
hacia la orilla avanzas
con sonrosados pechos diminutos,
con nalgas maliciosas lo mismo que sonrisas,
oh diosa esbelta de tobillos gruesos,
y con la insinuación
(tan propiamente tuya)
del vientre dando paso al nacimiento
de los muslos: belleza delicada,
precisa e indecisa,
donde posar la frente derramando lágrimas.

Y te vemos llegar — figuración
de un fabuloso espacio ribereño
con toros, caracolas y delfines,
sobre la arena blanda, entre la mar y el cielo,

170

aún trémula de gotas,
deslumbrada de sol y sonriendo.

Nos anuncias el reino de la vida,
el sueño de otra vida, más intensa y más libre,
sin deseo enconado como un remordimiento
—sin deseo de ti, sofisticada
bestezuela infantil, en quien coinciden
la directa belleza de la *starlet*
y la graciosa timidez del príncipe.

Aunque de pronto frunzas
la frente que atormenta un pensamiento
conmovedor y obtuso,
y volviendo hacia el mar tu rostro donde brilla
entre mojadas mechas rubias
la expresión melancólica de Antínoos,
oh bella indiferente,
por la playa camines como si no supieses
que te siguen los hombres y los perros,
los dioses y los ángeles,
y los arcángeles,
los tronos, las abominaciones...

DE SENECTUTE

Y nada temí más que mis cuidados.

GÓNGORA

No es el mío, este tiempo.

Y aunque tan mío sea ese latir de pájaros
afuera en el jardín,
su profusión en hojas pequeñas, removiéndome
igual que intimaciones,
                              no dice ya lo mismo.
Me despierto
como quien oye una respiración
obscena. Es que amanece.

Amanece otro día en que no estaré invitado
ni a un momento feliz. Ni a un arrepentimiento
que, por no ser antiguo,
—ah, *Seigneur, donnez-moi la force et le courage!*—
invite de verdad a arrepentirme
con algún resto de sinceridad.
Ya nada temo más que mis cuidados.

De la vida me acuerdo, pero dónde está.

DE VITA BEATA

En un viejo país ineficiente,
algo así como España entre dos guerras
civiles, en un pueblo junto al mar,
poseer una casa y poca hacienda
y memoria ninguna. No leer,
no sufrir, no escribir, no pagar cuentas,
y vivir como un noble arruinado
entre las ruinas de mi inteligencia.

CANCIÓN FINAL

Las rosas de papel no son verdad
y queman
lo mismo que una frente pensativa
o el tacto de una lámina de hielo.

Las rosas de papel son, en verdad,
demasiado encendidas para el pecho.

NOTAS

A LA PRIMERA EDICIÓN

Según sentencia del tiempo (Barcelona, 1953)

Era una colección de doce poemas: cinco pasaron a la sección primera de *Compañeros de viaje*. Entre los que entonces deseché, rescato ahora un soneto. Escritura casi automática, es el último y el menos malo de los muchos en que serví mi aprendizaje de poeta.

Compañeros de viaje (Barcelona, 1959)

De la sección tercera y final he suprimido un poema, *Desde lejos*, en el que deliberadamente conspiré para enmascarar la influencia de Jorge Guillén con imitaciones y *collages* de Antonio Machado. Su deshonestidad hace ya muchos años que me causa rubor. He suprimido también *A un maestro vivo*, poemilla dedicatorio que le precedía y que, por sí solo, no se tiene.

La mayoría de los poemas de esa sección final son anteriores a los de la sección segunda.

Moralidades (México, 1966)

Asturias, 1962 y *Años triunfales* se titulaban allí, respectivamente. *Mayo 62* y *De los años cuarenta*.

Poemas póstumos (Madrid, 1968)

He añadido aquí los poquísimos escritos después. Son estos: *Un cuerpo es el mejor amigo del hombre; Ha venido a esta hora; Conversación; Príncipe de Aquitania, en*

*su torre abolida; A través del espejo; Últimos meses;
Ultramort* y *Artes de ser maduro.*

CUATRO POEMAS MORALES (Barcelona, sin año) fue
un anticipo de *Moralidades,* y EN FAVOR DE VENUS
(Barcelona, 1965), una colección de composiciones eró-
ticas o amorosas pertenecientes a ese libro, a *Compañeros de viaje* y a *Poemas póstumos,* con un par de
poemas ocasionales añadidos para hacer bulto. Así que
la presente edición recoge mis poesías completas hasta la
fecha, y quién sabe hasta qué fecha.

Aunque sea casi exclusivamente *pro domo mea,* anoto
una rectificación. En 1969 imprimió Editorial Seix Barral, con el título de *Colección particular,* una edición
mucho más estricta de mis poesías en la que suprimí
—entonces pensaba que definitivamente— quince piezas de *Compañeros de viaje* y dos de *Moralidades.* Eran
las siguientes: *Amistad a lo largo,* todas las de *Las afueras,* salvo la VIII y la X, *Lágrima, Piazza del Popolo,
A un maestro vivo, Desde lejos, Asturias, 1962* y *Durante la invasión.* Si rectifico ahora no es que haya cambiado de gusto: los poemas allí incluidos siguen siendo los
que prefiero, sino que me he dado cuenta de que quizá
sólo se trataba de eso: de una cuestión de gusto. Lo que
me irrita en los poemas que suprimí es la calidad de las
emociones expresadas en ellos, de modo que no puedo
establecer con demasiada seguridad si son efectivamente
peores que los otros.

Con la excepción de los poemas IV y X de *Las afueras,* espontáneamente rehechos —o revividos, según decía
Juan Ramón Jiménez—, hace algún tiempo, las correc-
ciones introducidas ahora, aunque bastante numerosas,
no me parece que sean muy significativas.

(1975)

178

A ESTA EDICIÓN

Tres poemas nuevos —*T'introduire dans mon histoi-re*... *Son pláticas de familia* y *De senectute*— se incluyen en *Poemas póstumos*. Y también, *Canción de verbena*, versión castellana de una de las letras de Jaume Sisa para sus canciones en *Nit de Sant Joan*, el espectáculo musical creado por él y por el grupo Dagoll Dagom.

He añadido, además, algunas antigüedades: *Epístola francesa*, un ejercicio retórico a mitad de camino entre Hugo y Baudelaire, y *Epigrama votivo*, son dos poemas ocasionales que figuraron en *En favor de Venus*. Un amigo poeta, más joven que yo y de cuyas apreciaciones me fío, recordaba el primero de ellos; ya en la vertiente de la indulgencia, he rescatado ambos y otro más, *A Gabriel Ferrater*, escrito en inglés para diversión mía y del destinatario. En cuanto a *Canción final*, editado en 1967 junto con una serie de grabados de Xavier Corberó, no sé muy bien por qué no lo tuve presente en 1975, cuando por primera vez reuní mis poesías completas.

Salvo *Epístola francesa*, que ha ido a parar a *Moralidades*, en cuya época fue escrita, las demás piezas se recogen en *Poemas póstumos*.

Con todo, bajo ese título se imprimen aquí veintisiete poemas cuya datación varía entre 1965 y 1981, en lugar de los doce —escritos en un lapso de tiempo relativamente breve— que figuraban en la edición original. He decidido, pues, no reincidir en mi criterio de 1975, interpolando donde mejor me pareciera, y he ordenado la colección según la perspectiva en que la veo ahora.

(1981)

179

ÍNDICE

SEGÚN SENTENCIA DEL TIEMPO

COMPAÑEROS DE VIAJE

LA HISTORIA PARA TODOS

MORALIDADES

POEMAS PÓSTUMOS

Impreso en el mes de noviembre de 1997
en Talleres LIBERDÚPLEX, S. L.
Constitución, 19
08014 Barcelona